認知症のある人の
生活を豊かにする
21の**観察視点**と
20の**支援ポイント**

活動の質評価法

A-QOA
〈アコア〉

ビギナーズガイド

編著 **小川真寛・白井はる奈・坂本千晶・西田征治**
Masahiro OGAWA, Haruna SHIRAI, Chiaki SAKAMOTO, Seiji NISHIDA

A s s e s s m e n t   o f

Q u a l i t y   O f   A c t i v i t i e s

B e g i n n e r ' s   G u i d e

クリエイツかもがわ
CREATES KAMOGAWA

親愛なる同志のみなさんへ

　今日も私は同じ場所に座っている。どこかの施設だろう、いつも見慣れた風景だ。年をとったせいか、隣の人の顔ははっきりしないし、時々話しかけてくるものの同じようなことばかり。今日も一日ここで過ごすのだろう。少しくらい何かすることないかな。といっても周りには何もないし、スタッフらしい格好の人が騒々しく動いているだけ。このまま座って周りを眺めとこうか。

　しばらくして、制服を着た若いお姉さんがタオルをたたむのを手伝ってほしいって。喜んでやってあげる。家事は昔から得意で自分の仕事だと思っていたので、これはお手の物だ。お姉さんが「いつもありがとう」って言ってくれるのはやっぱり嬉しい。思わず笑顔が出ちゃうな。いくつになっても人に感謝されるのはいいことだ。

　次は、お茶を入れてほしいと頼まれた。タオルをたたむので調子が出たから二つ返事で応えちゃったけど、急須やポットが家のと違うからわからなくて混乱しちゃった。色々やってみたけど、よくわからないな。お姉さんが来て早口で何か説明したけど、やっぱりわからなくて、嫌になっちゃった。うまくできないのは年を感じてなんだか残念な気持ちになるなぁ。ちょっと落ち込んじゃったけど、少し休めばまた元気になるか。

　またしばらくして、若いお兄さんにお昼の時間になるからと声をかけられた。みんなで集まって、いつもの歌と体操の時間だ。歌は昔から好きだから、いつも楽しみにしている。だからいつも声をかけられたらすぐに行って、歌詞のカードを持って待っている。次に歌いたい曲を聞かれるのも知っている。だから、若い頃好きだった曲をリクエストできるようにいい場所に座って、すぐに手を挙げられるように待っている。今日は歌いたい歌が歌えて、ウキウキしながら歌ったわ。

　でも、体操の時間はあんまり好きじゃない。お兄さんの説明がよくわからないし、動きも速いからついていけないの。がんばって周りの人を見てやってみたけど、今日もうまくできなかったな。最初は一生懸命やったけど、途中からつまんなくて、あきらめて、なんだか悔しくてうつむいて、そこからずっと休んじゃった。

　これから何をするんだろう。なんでもやろうとは思うけど、次は難しいことじゃ

なければいいな。

　これは、施設に入居されている一人の認知症のある人の一日の様子を描いたものです。認知症のある人を支援する多くの人が、その支援について本人がどのように感じているのか、また、その支援の効果や意義を知りたいと思っています。著者らも同じように、多くの認知症のある人がより良い一日が過ごせるように考えて様々な活動の準備をしてきました。例えば、レクリエーション、歌、体操、料理、手工芸、回想法など、生活を彩る活動、さらには食事、トイレ、更衣など身の回りの活動、人の生活を構成する様々な活動です。そして、その人に合った活動、環境、声のかけ方を選び工夫することで、認知症のある人が力を発揮し、活き活きと活動に取り組んでもらえました。

　しかし一方で、認知機能障害の影響から活動への希望や感想が言語的に得られず、私たちが提供し、関わっている活動の効果や意義がはっきりせず、疑問を抱えて過ごすことがよくありました。こういった効果や意義を説明するには、その人本人の目線でそれが確かめられる、つまり評価ができる新しい視点を見出すことが必要だと感じていました。この思いから、私たちは「活動の質（QOA；Quality of Activities）」に注目して研究、考案をし、活動の質評価法（A-QOA；Assessment of Quality of Activities）」を開発しました。

　前述の認知症のある女性が体験しているように、高齢者施設などでは毎日レクリエーションや体操、歌などの活動が行われています。それらに対して積極的に参加する人もいれば、輪に混じっているだけでぼボーっとしている人もいます。同じ活動をしていても、人によって取り組みは違い、その活動から得られている感情や効果は異なっています。「その人にとって体操への参加はどのくらい意味があるのか」、また「なぜそれが意味があるとされるのか」という疑問を「活動の質」の視点から観ることで解決できます。

　この新しい視点は認知症のある人、家族や専門職を含めた支援者のための革新的な視点です。「活動の質」を観ることで、その人がより充実した活動がもてるように支援を検討でき、結果的に、セラピーやケアの質の向上にもつながります。

　この開発のために2014年の発案から 8 年という歳月がかかりました。その期

間、多くの同志に協力や激励をもらい研究を続けてきました。今までも、この開発期間中も、多くの認知症のある人への作業療法やケアに悩む方に出会いました。A-QOAの研修会を受け、「より良い活動が提供できるようになった」「自分の行ってきたことの振り返りができ、自信がついた」などのコメントをもらいました。今こそ、この視点をこの本を通して多くの同志と共有したい。私たちのしていることは、支援を必要とする人の心と体を考え、その人の生活や人生を考える難しい仕事で、これにはスキルも、センスも必要です。本書を通して、そのセンスを創造し、磨き、そして評価のスキルを身につけましょう。そして、認知症のある人本人、家族がより良い活動ができ、活き活きとした生活が送れるように支援していきましょう。

2022年4月

著者を代表して
小川真寛

CONTENTS

●親愛なる同志のみなさんへ　　　　　　　　　　　　　　　　　　　　　3

●Introduction─この本を読む前に知ってもらいたいこと　　　　　　　9
1 「活動」とは─この本がなぜ「活動」に注目しているのか？　　　　　　9
2 活動とその人らしさとは　　　　　　　　　　　　　　　　　　　　　11
3 認知症のある人の活動　　　　　　　　　　　　　　　　　　　　　　12
4 支援者の役割　　　　　　　　　　　　　　　　　　　　　　　　　　12
COLUMN-1● 「いい感じ！を数値化できるA-QOA」　　　　　　　　　14

Part 1　ようこそA-QOAの世界へ　　　　　15

1 活動の質とは　　　　　　　　　　　　　　　　　　　　　　　　　　16
2 A-QOAとは　　　　　　　　　　　　　　　　　　　　　　　　　　17
3 活動の質を高めるためのポイント　　　　　　　　　　　　　　　　　21
4 実践における本書の使い方　　　　　　　　　　　　　　　　　　　　21
COLUMN-2● 「A-QOA（活動の質評価法）を使うとわかる活動の話」　　25

Part 2　A-QOAにおける21の観察視点　　29

●21の観察視点　　　　　　　　　　　　　　　　　　　　　　　　　30
観察項目 1 「活動を開始する」　　　　　　　　　　　　　　　　　　32
観察項目 2 「活動の対象に視線を向ける」　　　　　　　　　　　　　34
観察項目 3 「活動の対象に体を位置づける」　　　　　　　　　　　　36
観察項目 4 「活動を継続する」　　　　　　　　　　　　　　　　　　38
観察項目 5 「活動に集中する」　　　　　　　　　　　　　　　　　　40
観察項目 6 「活動に関わる知識や技術を示す」　　　　　　　　　　　42
観察項目 7 「活動中に内容を選択する／好みを示す」　　　　　　　　44
観察項目 8 「活動が円滑に進むように工夫する」　　　　　　　　　　46
観察項目 9 「活動の結果として満足感を得る」　　　　　　　　　　　48
観察項目 10 「有能感を得る」　　　　　　　　　　　　　　　　　　50

観察項目 11 「次の活動への意欲を示す」 52

観察項目 12 「笑顔が見られる」 54

観察項目 13 「高揚する」 56

観察項目 14 「活動を通して交流する」 58

観察項目 15 「一緒に協調して活動する」 60

観察項目 16 「活動に関係した知識・技術を教える」 62

観察項目 17 「他者に意思を伝える」 64

観察項目 18 「他者を思いやる」 66

観察項目 19 「活動から喚起される感情を他者と共有する」 68

観察項目 20 「発語の流暢さがある」 70

観察項目 21 「回想する」 72

● A-QOAをもっと知りたい方へ 74

COLUMN-3● 「地域で拡げる、A-QOAを活用した豊かな活動の輪」 76

Part 3　活動の質を高める20の支援ポイント　77

●活動の質を高める20の支援ポイント 78

1 活動を選択するための4つのポイント

　1-1 「興味・関心のある活動を選択する」 80

　1-2 「心が動く活動を選択する」 82

　1-3 「身体・認知機能に合った活動を選択する」 84

　1-4 「能力に合わせて調整できる活動を選択する」 86

2 活動時の環境調整の4つのポイント

　2-1 「快適な環境にする」 88

　2-2 「集中できる環境にする」 90

　2-3 「活動しやすい姿勢になるように設定する」 92

　2-4 「メンバー構成を考える」 94

3 活動を始める時の5つのポイント

　3-1 「無理強いをしない」 96

　3-2 「機能や関心に合わせた活動の準備を行う」 98

　3-3 「活動の見通しを伝える」 100

　3-4 「主体的に活動内容や方法を選択できるようにする」 102

3-5 「活動を行う手がかりを提供する」 104

4 活動中の4つのポイント

4-1 「心が動く交流が促進されるように関わる」 106

4-2 「失敗しないような手がかりを提供する」 108

4-3 「認められるような機会をつくる」 110

4-4 「一人ひとりに目を配り、適時、個別に関わる」 112

5 活動後の3つのポイント

5-1 「称賛される機会をつくる」 114

5-2 「発見したことを他のスタッフや家族に伝える」 116

5-3 「生活の中にQOA（活動の質）の高い活動（方法）を組み込む」 118

● A-QOAと活動の質を高めるポイント対応表 120

COLUMN-4● 「認知症があっても最期まで楽しく過ごす」 122

Part 4　ワークシート

123

1 A-QOA採点シート（簡易版） 124

2 私らしさ発見・共有シート 125

3 生活行為聞き取りシート 125

4 興味・関心チェックシート 125

5 活動の質を高める20の支援ポイント　チェックリスト 126

6 A-QOAと活動の質を高めるポイント対応表 126

COLUMN-5● 「手品でよみがえったヨシキさん！」 133

● おわりに 136

この本を読む前に
知ってもらいたいこと

　読者のみなさん、本書を手に取ってくださったみなさんは認知症のことについて少なからず興味や関心があったり、日常的に関わっていたりする方だと思います。作業療法士やその他の医療や福祉に携わる職種の方かもしれません。ひょっとしたら、介護に携わっている家族の方かもしれません。

　みなさんは認知症のある人との交流の中で、このような経験はありませんか？

- 情報収集や聴取が困難で、本人が何をしたいのかがわからない。
- 本人にとって適切な活動を選べない。
- 行っている活動が、良い活動かどうかの判断ができない。
- 活動による本人の良い状態を言語化して説明するのが難しい。

　認知症のある人が自分の状態をうまく説明できないことで、多くの人が困っているのではないかと思います。これらのことは、少なくとも本書を書いている私たち4人も作業療法士として、病院や高齢者施設、地域で働いてきて感じてきたことです。

01 「活動」とは──この本がなぜ「活動」に注目しているのか？

　私たちは日々の生活で人それぞれに色々な活動をしています。例えば、食事をして歯磨きをし、服を着替え、学校や仕事に行ったり、趣味やスポーツをしたり、地域の活動に参加したり、子どもの世話をしたりします。このように私たちが行っている活動は様々であり、またこれらの活動は人それぞれに個性があり、異なるものです。つまり私たちにとって活動はその人らしさを生むものです。例えば、

〇〇が好きなＡさん、△△が得意なＢさんのように活動によってその人らしさが生み出されます。さらに活動に携わることで、人と交流を広げたり、生きがいを生んだりします。言い換えると、人は活動を行ったり、参加したりすることで、その人らしさが生まれ、社会とつながり、多くの感情を得ています。私たちが活動に注目するのは、人は活動に参加したり、取り組んだりすることにより様々なニーズが満たされるからです。まとめると、活動は人の生活を構成し、人生や生活に意味を与えるものです。読書のみなさんは良い活動がいつもできているでしょうか。良い活動によって、生活が豊かになり、QOL（Quality of Life；生活の質）も高まります。

　認知症のある人たちがどのように過ごしているかを調べるため、私たちはある高齢者施設で一日中、ずっと数名の認知症のある人たちを観察し記録をつけたことがあります。その時に驚いたことは、食事、歯磨き、トイレ以外の時間、ほぼ何もすることなく過ごしている人がほとんどでした。認知症のある人は良い活動を自ら選び、うまく行うことが苦手になっています。結果として、良い活動がまったくない状態に陥っているかもしれません。認知症のある人たちにとって、その人らしい、生活が豊かになるような活動をもつことはとても重要で、支援が望まれます。

● 作業療法における「作業」と「活動」

　作業療法では活動が感情を呼び起こしたり、思考を必要としたり、生活に影響を与える時、つまり、作業を行う本人にとって意味をもった時にその活動を「作業」と呼びます。そのため、本来ならば「作業」という言葉を使い、「作業の質」とすべきかもしれませんが、本書や「活動の質」の中では一般的な理解を重視して「活動」という言葉を用いています。また「活動」という言葉を用いた他の理由には、実際の臨床では行う本人にとって本当に「作業」といえるのかという活動を選んでしまうことがよく起こり、「活動の質」を観ることでより良い作業にしてもらいたいという思いを込めて、あえて「活動」という言葉を使っています。

● 活動へ参加すること、行うこと

　本書では「活動へ参加すること」という表現がしばしば出てきます。本書で

は「活動への参加」という言葉は、人が何らかの活動へ注意を向けたり、興味をもって関わっていたりする状態のことを指しています。つまり、活動を行わなくても活動から得られるものがあり、その人らしさが見られることがあるので、このような表現をしています。例えば、ピアノの先生をしている人がいて、その教え子がピアノを聴衆の前で披露している場面を見ていて、その演奏が素晴らしかったら、先生としては誇らしく思い、嬉しい表情を見せ、私が教えたんだと自慢げに話すかもしれません。その時、この人は活動を行ってはいませんが、気持ちが動いていて、その教え子と嬉しい気持ちを共有しているのかもしれません。こういった状態では活動を行っていない状態でも、その人にとって意味があるものが生じていると捉えて、「活動へ参加する」という言葉を用いています。

02 活動とその人らしさとは

　活動に参加したり、行ったりすることで、多くのニーズが満たされます。過去の知見から、活動を通して、①習得感や達成感、②他者や地域に貢献すること、③所属意識や他者とのつながりを経験すること、④喜びや楽しさ、⑤リラックスし、エネルギーを回復すること、などの人にとって重要なニーズが満たされるとされています[1]。

　例を挙げると、練習してきた三味線を人前で披露し、うまくいけば習得感や達成感が得られます。体操クラブや料理クラブに参加することで集団に所属し他者との交流が生まれ、その中で何か頼まれたことをすれば他者への貢献につながります。歌のグループに参加し一緒に歌を歌うことで喜びや楽しさが感じられるでしょう。お茶を飲みながらソファーでくつろげばリラックスできます。このように、活動を通して、人は様々なニーズを満たしています。

　その人を中心としたケアの中では、認知症のある人の心理的ニーズとして、ⓐくつろぎ、ⓑ自分らしさ、ⓒ結びつき・愛着、ⓓ自らたずさわること、ⓔ社会との関わりの５つが紹介されています[2]。前述①〜⑤の活動によって満たされるニーズを考えると、これらⓐ〜ⓔの心理的ニーズが活動を通して多くもたらされることに気がつくでしょう。これらのニーズを満たされることにより、その人らしさ

が発揮されている状態であると考えられます。したがって、意味のある活動に参加したり、行ったりすることは、その人らしさを表現することになるでしょう。

03 認知症のある人の活動

　活動は人に様々な影響や効果をもたらします。例えば、何かのスポーツをすると体が鍛えられ、練習を続けることによりスキルが向上します。ストレス発散のために友達とお茶を飲みながらしゃべったり、カラオケに行って歌を歌ったりする人もいるでしょう、活動には心身に与える様々な効果があります。これは認知症のある人にとっても同様です。

　一度、読者のみなさんも一日中活動をまったくせずに過ごすことを想像してみてください。テレビを観たり、音楽を聴いたりせず、誰とも接することなくずっと寝たまま、あるいは椅子に座ったまま一日過ごす状態です。おそらく長く我慢できる人は少ないでしょう。

　認知症のある人のいわゆる行動障害といわれる、周りの人から見て問題ととられうる行動は、英語ではChallenging behavior（挑戦的行動）といわれます。つまり、認知症のある人にとっては、現状のニーズを満たすために何かしら取り組んでいる様子を表している言葉です。ひょっとしたら、何かの活動がしたいのかもしれません。例えば、トイレに行きたいけれどトイレの場所がわからないのかもしれないし、いつもしていた趣味の絵を描きたいのかもしれません。こういったことが自分で解決できなくてイライラしたり、怒ったりしているのかもしれません。このような時は、本人のニーズを汲み取り、良い活動をもつことが解決策になるかもしれません。

04 支援者の役割

　認知症が重度になるにつれて、その時の状況に合わせて活動を適切に選び、行うということが難しくなってきます。例えば、冷蔵庫の中にある同じ物を、再び買ってきたりします。これは記憶障害の影響により、買い物の必要性が適切に判

断できていない状態とも考えられます。これが続くと、家族は買い物を繰り返させないために、本人に財布を持たせないようにするかもしれません。そうなると本人は1つの外出機会をなくし、地域のスーパーに行くという地域とつながる機会を1つ失うことになります。それだけでなく、財布を探しまわるかもしれないですし、物盗られ妄想に発展する可能性だってあります。

　支援者の役割の1つは、認知症のある人本人が自分の意思を発揮し適切な活動を選び、自分の力を生かし行うことを導くことです。前の事例であれば、買い物に行く前に冷蔵庫の中のチェックを促したりすることが効果的かもしれません。本事例では買い物に行く能力はあるのですが、冷蔵庫の中の物を確認しておくことを忘れていただけかもしれません。認知症のある人は、ほんの少しの問題がその活動全体を困難にさせているように見られる可能性もあります。そのため、その問題の焦点を見つけ、適切な部分で適切な量の支援をすることで活動が行えるようになることもあるでしょう。

　しかし、支援者にも生活や仕事があり、支援するのにもマンパワーの限界があります。一日中、すべての活動を支援するのは現実的ではないことがほとんどだと思います。だからこそ、その人にとってできるだけ意味のある活動を見つけ出し支援することが重要でしょう。そのためには、本人が今までどんなことをしてきたか、どのように生活していたか、どう生活したいと考えているかを聞いたり、調べたりすることも重要でしょう。良い活動が見つかったら、実際に行ってみて「活動の質」が高いかどうかを判断することも必要だと思います。こういった形で意味のある活動を見つけ、支援することが支援者の1つの役割といえるでしょう。

〔参考文献〕
1）エリザベス・タウンゼント，ヘレン・ポラタイコ編著（2007）、吉川ひろみ・吉野英子監訳、2011『続・作業療法の視点　作業を通しての健康と公正』大学教育出版
2）水野裕、2008『実践パーソン・センタード・ケア―認知症をもつ人たちの支援のために―』ワールドプランニング

いい感じ！を数値化できるA-QOA

　私は、以前から、認知症のある人を支援する時に、何を目標とすればいいのか悩んできました。〇〇の活動を行うと、認知機能のテストで有意差があった、といった研究論文を読むと「その方はその活動を楽しんで行えていたのかな…、認知機能はわずかに向上したかもしれないけど、生活にどんな影響があったのかな…」と考えていました。

　私は臨床で多くの認知症のある方に出会ってきました。言葉を失ったと思われていた、いつも無表情のAさんと童謡を一緒に歌うと、とても素敵な笑顔で体を揺らしながら、ところどころ歌詞を口ずさまれる姿（その方は元保育士さんでした）。平行棒での歩行練習は「もうお迎えが近いのに、こんな練習しても仕方がない」と拒否されるのに、園芸活動では自ら車いすから立ち上がり、ミニトマトを真剣に収穫するBさんの姿。そういった経験から「その方の心が動く、楽しめる活動が健康と幸福を促進する」と感じてきました。でも、これが「良いこと」であると、どう表現すればいいのか苦慮していました。

　その後、パーソン・センタード・ケアに出会い、私の目指したいところはウェルビーイングだと確信をもちました。そんな中から、仲間とともにA-QOAを開発してきました。

　A-QOAの評価を用いて認知症のあるCさんの「好みかどうかわからないけど、塗り絵をやってもらう」場面（Cさんは渋々つき合っている感じでした）と、「机上にあるチラシを見たり、折ったりする様子を作業療法士が見守りながらコミュニケーションをとる」場面（一見、無意味な活動に見えますが、Cさんは笑顔でご機嫌に話しておられ、良い時間でした）を評価しました。その結果、塗り絵が31点、一見無意味な場面が57点となりました。Cさんにとって何が大切なのかが見えてきました。

　A-QOAは、こっちのほうが良さそう！いい感じ！という、臨床者の「感じ」を数値化できる、過去の私に教えてあげたいツールです。

（白井はる奈）

Part 1

ようこそ
A-QOAの世界へ

Assessment of Quality Of Activities
Beginner's Guide

1 > 活動の質とは

　本書は、「活動の質（Quality of Activities；QOA）」についての本です。

　「活動の質」とは、わかりやすくいうと、何か活動を行っている時に見られるその人（対象者）の様子や反応、周りの人との関係によって判断される「活動とその人との関係を示す指標」で、「その人が関与している活動を通じてどのくらい良い状態になっているかを示せるもの」です。

　私たちは人が何かに熱心に取り組んでいるのを見ると、
「あの人なんか楽しそう」
「なんだかあの人は活き活きしているな」
「これはこの人にとって天職だな」
などと感じます。

　逆に、しかめっ面をして、だるそうに何かに取り組む人の姿を見ると、
「なんか嫌そうだな」
「つらいのかな」
「他のことしたらいいのに」
などと感じたりします。

　このように何かをしている他の人を見て良さそうとか、良くなさそうとか、読者のみなさんもいつも感じていると思います。

　「活動の質」はこの感覚を言語的、数値的に表現するために新しくつくられた概念です。人は他の人の様子をうかがいながら生活しています。例えば、会議中の上司の機嫌はどうか、子どもは友達と楽しく遊べているか、顧客はサービスや商品に興味をもっているかなど、その仕草や表情、発言などに注意を向けています。人は人の行為のどんな側面を見て「活動の質」を判断しているのか。そういった視点がはっきりすることで、色々な人とどう接したらよいかを考える機会になります。それにより、周囲の人がより良く過ごせるかもしれませんし、人間関係が良くなるかもしれません。

　この「活動の質」を観る感性は基本的には主観的な視点によって成り立っています。笑顔が見られて良かったとか、自分から前のめりで何かに取り組もうとした様子から意欲が見られたとか、日頃から自分たちが何となく感じている主観的な認識です。「活動の質」を通じて観ることにより、これらの主観的な認識をできる限り客観的な視点から分析することができます。

　私たちは、認知症のある人や小さい子どもなど、自分の好き嫌い、したいことやしたくないこと、良かったことや悪かったことなどを言語的に表現できない人とも接することがあります。「活動の質」がわかると、認知症のある人のようにうまく自己表現ができない人が、どう感じているのか、良い状態にあるのかをその人を中心とした目線から調べることができ、より良い状態へと導くためのその方向性が明確になります。

　「活動の質」の定義は、「活動と対象者の結びつきの強さ」であり、「活動の遂行、言語表出・感情表出や社会交流が生む状態や、活動の結果から得られる対象者への影響という複合的な要素を観察して判断される対象者の状態像を示すもの」としています。

　この「活動の質」の観察視点は、認知症を専門領域とする多くの熟練作業療法士へのインタビューやアンケートからつくられました[1]。熟練作業療法士が認知症のある人に様々な活動を提供し、その活動がなぜその対象者には良かったと判断したか、何を観察したのか、という臨床の暗黙知、つまり無意識の思考・判断過程を調べ、まとめ、視点を作成しました。その視点を活用し、実際に臨床現場に適応できるようにマニュアルを作成し、繰り返し試用し修正し、最終的に統計学的な検証をしました[2]。これら検討の結果から、「活動の質」を21の観察視点から評価できることを確認しました[3]。

2 > A-QOAとは

　前述の過程を経て、「活動の質」という概念をつくり、それを評価する観察の視点をまとめA-QOA（Assessment of Quality of Activities；活動の質評価法）

という評価法を作成しました。A-QOA は「活動の質」を評価するための21項目の観察視点からなり、前述のマニュアルを用いてそれぞれの項目を１点〜４点の４段階で評定します。その結果を専用の分析ソフトである AqoaPro を使うことにより、正規化された連続変数への変換を可能にしています。この結果から、評価した活動の「活動の質」が高いか、低いかが明らかとなり、活動間の比較を行うことでどのくらい差があるかが明確な基準をもって説明できるようにしました。AqoaPro は、現在（2022年）は２日間の研修を受け、A-QOA の採点データを提出し、認定を受けた人のみが使用できます（※詳しくは A-QOA のホームページを参照ください。https://www.a-qoa.com/）。

　本書では A-QOA で用いる21項目の観察視点を理解してもらうために、それぞれの項目を Part 2 で説明します。この視点を活用することで、人が活動している時にどういった点を観れば、その人が良い活動ができているか、良い効果が得られているかを確認できます。

　以下に A-QOA の特徴や利点を７つにまとめて紹介します。
❶ **その人を中心とした視点です。**
　認知症のある人の支援の基本は、その人の立場に立って考えることが大前提です。認知症のある人は自分の意思の表現が困難な場合があります。そのため、それらの人にとって意味や価値のある活動が何であるかを理解し、判断するのが難しいことがあります。この理由から、観察を通して本人にとってその活動にどの程度意味があるかを観る視点を A-QOA は提供します。

❷ **様々な場面や人を評価できます。**
　A-QOA は生活の場で行われるほとんどの活動で評価ができます。ただしまったく発語や動きがみられないなどの場合、あるいは瞑想していたりする時は評価が困難です。また、A-QOA の評価項目の特性から、普段の生活やセラピーの場面で、感情や発言が表出されやすい活動を観察することが望ましいです。
　A-QOA はユニバーサルな評価で、認知症のある人以外を対象にしても使える可能性があります。つまり、障害の有無や年齢を問わず、意思疎通の困難な方でも何らかの表出がされる人であれば、評価ができます。開発時に認知症だけでなく、重症心身障害児を専門とする熟練作業療法士を対象にした研究も行い、それ

もA-QOAに組み込み開発してきたという背景もあります。

❸ 短時間の活動でも評価できます。

A-QOAは数分で終わるような短時間の活動でも評価ができます。観察項目をすべて評定したいのであれば、観察項目に活動の最初と最後が含まれるため、活動の終始が見られることが望ましいです。一方、例えば1時間以上の長い活動で工程が多く含まれているようであれば、工程を分けたり、活動の一部を対象にして評定することもできます。

❹ 意味のある活動（作業）が見つけられます。

認知症のある人にとって意味のある活動（作業）は何かというのは見つけにくいものです。A-QOAは観察によりその人にとっての活動の結果を数値化することで、異なる活動で数値的な違いを比較できます。その特徴を生かすことで、その人にとって意味のある活動を観察から見出すことが可能になります。

❺ ケアやセラピーの効果が説明、証明できます。

認知症のある人は自分の状況や気持ちを表現できないことが多いため、ケアや作業療法で行う活動に満足しているかという評価が困難です。A-QOAを用いることで、活動を通じて行う支援の効果が言語化、数値化できることで、その効果の説明や証明が可能になり、支援におけるエビデンスの構築につながります。

❻ 活動の影響や効果を言語化し、数値化して示すことで、「活動の質」の可視化や共有につながります。

A-QOAの活動がその人にもたらす影響や効果を言語化する枠組みを提示し、得点をつけることでその人と活動との関係を数値で表現できます。このことは今までできなかった「活動の質」の可視化につながり、より詳細な情報の共有を可能にします。

❼ 認知症ケアやセラピーの実践におけるスキルの向上につながります。

「活動の質」の概念を知り、A-QOAを用いることによって、ケアやセラピーの方向性と評価尺度が意識化できます。そのことによって、実際の場面で何をすれ

ばよいのか、どのように支援したらよいかなどが、より明確になり、結果として
ケアやセラピーの質、スキル、知識の向上につながります。

●**A-QOAは、活動の自立度やその結果の出来栄えを評価するのではなく、その人の社会心理的な面に注目し、いかに活動に参加し、何を得ているかという点に注目しています。**

　現代のように生産性を求める社会の中では、どの程度自立して活動を行えるか、活動の出来栄えが良いかなどが評価の対象になりやすいです。しかし、A-QOAはその人がいかに主体的に活動との相互に作用し、活動から心理社会的に多くのものを得ているかという点を観ることを重要視しています。自立度や出来栄えは自尊心の向上、称賛を受ける機会を得ることにつながるため、間接的には「活動の質」に影響するかもしれません。しかし、A-QOAの視点ではそれ自体は評価の対象ではありません。

●**その人にとって意味のある活動をもつことは大事ですが、決してその人本人の行為が自分自身、周囲の人あるいは環境を傷つけたり、損失を与えたり、不利益を与えたりすることが良いとはいえません。**

　本人の行っている活動に意味があったとしても、健康上、倫理上、社会通念上問題となる行為もありえます。そのため、社会的な集団の中では良い活動かどうかを判断することも重要です。これは社会的規律という観点、本人の健康状態を損なわないかという観点などから活動が妥当であるかの判断が必要です。結果として、活動が適切でないと判断するべき場合もあります。例えば、本人は陽気におしゃべりをしているが、隣の人を茶化すような内容で、その人を傷つける内容であった場合は、その状況が決して良いとはいえません。本人の良い状態も重要ですが、その時に他の不利益や損害、被害がないようにすることも重要です。

③ ▷ 活動の質を高めるためのポイント

　本書の最終的な目標は、多くの人、特に認知症のある人の活動の質を高め、より良い生活を送ってもらうことです。そのためには、活動の質を観る視点を学んでもらうとともに、どのようにしたら「活動の質」が高められるかという点も知ってもらいたいと思っています。

　本書では、Part 3 で活動の質を高めるために何をするべきかを、活動の事前準備から活動中、活動後という縦断的な枠組みと、さらには対象者、活動、環境という横断的な枠組みをもって整理しています。これらを整理することで、活動の質を高めるにはどのように支援したらよいかが具体的にわかるようになります。これらの視点は臨床経験やケアの経験の少ない人にとっては貴重な情報になり、経験が豊富な人でも今一度、枠組みをもって知識を整理することができます。

　この枠組みは、多くの熟練作業療法士に協力してもらい、彼らの豊富な経験を独自にまとめたものです。作業療法士としての日々の取り組みの中で、様々な活動を行ってもらった時に、何が良かったのか、何をすればもっと良かったのかを考えてもらったものを分析しまとめました[4]。その内容は膨大な量でしたが、その中からエッセンスを抽出し凝縮した形でわかりやすくPart 3 で紹介しています。

④ ▷ 実践における本書の使い方

1） 本書の基本的な使い方

　本書の中心はPart 2 の「活動の質を観察するための21の視点」、Part 3 の「活動の質を高めるための20の支援ポイント」の 2 点にあります。この 2 つの章の使い方については、図 1 （次ページ）で示している作業療法における臨床のプロセスに沿って、以下の段落から説明します。Part 4 には活動を支援する際に実践で活用できるシートやチェックリストなどを掲載しました。それらは、情報の整理や本書で説明する21の観察視点、20の支援ポイントの記録や確認に活用すること

ができます。

　活動を支援する時の実践手順の概略を図1に沿って説明すると、❶まず、支援すべき活動の設定をします。その後、❷介入の計画・実施として、活動を行う様子を観察しながら、より良い活動になるように支援します。❸成果の検討のため、その結果がどのように本人らに影響を及ぼしたか、さらに介入が必要かなどを評価します。さらに評価や介入が必要であれば、また支援すべき活動を設定するための過程を通して、目標・計画を設定し、活動を実施するサイクルに戻ります。

　❶支援すべき活動を設定する際には、様々な情報を考慮し、活動を選択することが好ましいでしょう（Part 4 参照）。つまり、情報収集を行い、認知機能などの評価や本人、家族からの聴取も参考にすべきです。考慮すべき情報の1つが「活動の観察」です。ここでは実際に活動を行っている様子を観察し、その人の活動の質や能力を評価します。この際に Part 2 の「21の観察視点」が活用できます。様々な活動を行ったり、活動の行い方を変えたりして、それらを比較することでどのような活動をどう実施すればより本人にとって意味があるかを判断できます。つまり、活動の設定をするために観察の視点が生かせます。

　❷介入の計画・実施の段階として、活動を実際に選択し、より良いものにするために活動の質を高める「20の支援ポイント」が活用できます。活動の設定、内容や環境を調整することで、より良い活動が導ける可能性があります。

　❸成果の検討をするために、活動を行っている様子を再度「21の観察視点」で観察することにより、活動の質がどう変わったかに関して質的、量的な変化が捉えられるでしょう。

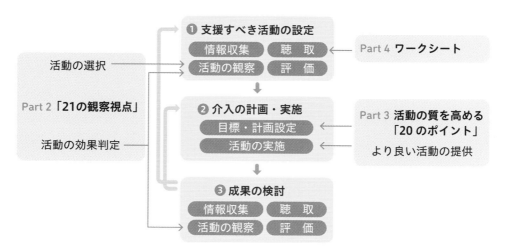

図1）作業療法のプロセスと本書の活用方法

2 ）本書の使い方の具体例

　具体的に本書をどのように使用していくかについてここからは述べていきます。実際の実践の場面を想定するために、本書の緒言で紹介した事例をもとに考えていきます。まず以下の場面を想像してください。

　　今日も私は同じ場所に座っている。どこかの施設だろう、いつも見慣れた風景だ。（中略）少しくらい何かすることないかな。といっても周りには何もないし、スタッフらしい格好の人が騒々しく動いているだけ。このまま座って周りを眺めとこうか。

　　しばらくして、制服を着た若いお姉さんがタオルをたたむのを手伝ってほしいって。喜んでやってあげる。家事は昔から得意で自分の仕事だと思っていたので、これはお手の物だ。お姉さんが「いつもありがとう」って言ってくれるのはやっぱり嬉しい。思わず笑顔が出ちゃうな。いくつになっても人に感謝されるのはいいことだ。

　　次は、お茶を入れてほしいと頼まれた。タオルをたたむので調子が出たから二つ返事で応えちゃったけど、急須やポットが家のと違うからわからなくて混乱しちゃった。色々やってみたけど、よくわからないな。お姉さんが来て早口で何か説明したけど、やっぱりわからなくて、嫌になっちゃった。うまくできないのは年を感じてなんだか残念な気持ちになるなぁ。ちょっと落ち込んじゃったけど、少し休めばまた元気になるか。

❶ タオルをたたむ活動とお茶を入れる活動の「活動の質」を比較する。

　この場面ではタオルをたたむ活動とお茶を入れる活動の2つの場面が見られます。文面からは明らかにタオルをたたむ活動のほうが活き活きとする様子が見てとれ、そちらのほうが「活動の質」が高いことは予想できます。実際にどの程度異なるかについては、「21の観察視点」を用いて採点し、そのスコアが明らかになることで、どういう場面で良い状態なのかを言語的に表現することが可能になり、見える化できます。さらに、タオルをたたむ活動のほうがこの方に向いているということがより具体的な観点から表現できるでしょう。

❷ お茶を入れる場面の「活動の質」をより良くする。

　次に、お茶を入れる活動をより良く行ってもらう方法を考えてみましょう。こ

こでは「活動の質を高める20の支援ポイント」が活用できます。急須とポットの使い方で混乱をしているので、そこが失敗体験につながっていることが良くないのはおわかりでしょう。この場合、活動中のポイント「4-2.失敗しないような手がかりを提供する」（108ページ）のように、本人が失敗しないよう急須とポットの使い方をわかりやすく説明することが解決策になるかもしれません。あるいは、活動を選択するためのポイント「1-3.身体・認知機能に合った活動を選択する」（84ページ）にあるように、活動を容易にするため、急須にお茶を入れた状態で依頼し、あとは湯呑に注いでもらうだけの工程にすることも解決策になるでしょう。このように、「活動の質を高める20の支援ポイント」を活用して、活動の質を高めていきましょう。

❸ **お茶を入れる場面の「活動の質」が良くなったかどうかを確認する。**

　❷のように「活動の質」が高くなるような介入、支援ができたとしたら、その前後を「21の観察視点」を用いて得点を前後比較すると、自分の行った支援がどのくらい良いのかが数値化できます。また、各観察項目の得点の変化を見ることにより、どういった点で良い様子が見られるようになったかについても、より具体的に表現、説明ができるでしょう。これらがより具体的な支援のエビデンスを高めることになります。

　このようにして、自分たちの介入や支援がその人にとってどのくらい効果があるのかを検討することが、自分たちのセラピーやケアを振り返るきっかけになります。この振り返りの結果として、観察の視点が磨かれ、スキルの向上につながり、セラピーやケアの質が向上すると考えられます。

〔参考文献〕

1）Ogawa M, Nishida S, Shirai H, 2017, A qualitative study to explore ways to observe results of engaging activities in clients with dementia, in; Occup Ther Int, Article ID 7513875, 8 pages.

2）Ogawa M, Shirai H, Nishida S, Tanimukai H, 2021, Rasch analysis of the Assessment of Quality of Activities (A-QOA), an observational tool for clients with dementia, in; Am J Occup Ther, 75:7501205040p1-7501205040p9.

3）小川真寛・白井はる奈・西田征治、2020「活動の質評価法（A-QOA）開発の取り組み」『作業療法ジャーナル』54：88 -91頁

4）白井はる奈・小川真寛・西田征治、2021「認知症のある人の活動の質を高める要因の検討」『佛教大学　保健医療技術学部論集』15：3-14頁

A-QOA（活動の質評価法）を使うとわかる活動の話

　私は約10年、認知症のある人の生活の支援に関わってきました。私は作業療法士なので、本人にとって意味のある活動を通して、元気になってもらいたいと考えてきました。そんな中、図2に示した活動に関する4つの悩みを抱えていましたが、A-QOAが解決の方向へ導いてくれました。私の出会った重度の認知症のあるトミ子さん（80代・女性）を例に挙げながら紹介します。

〔第1段階〕
明快！認知症のある人にとって意味のある活動を見つける方法

　まず最初の悩みは、本人にとって「意味のある活動を見つけたい」ということでした。私は認知症のある人と出会った時、活き活きとするのはどんな時だろうということが知りたくなります。しかし、認知症の症状によって自分自身のことを表現するのが苦手な人もいます。そんな時、活動を見つけるのを助けてくれるのがA-QOA（Part 2）です。トミ子さんは、言葉の理解や発語が難しく、周囲に意思を伝えるのが困難な人でした。施設に入所したばかりで緊張していて、人をたたくなど攻撃的な一面もありました。私は、何をしている時がトミ子さんが自分らしさを発揮しているのか、つまりトミ子さんにとって意味のある活動を探すために、施設で参加している様々な活動についてA-QOAの視点から観察しま

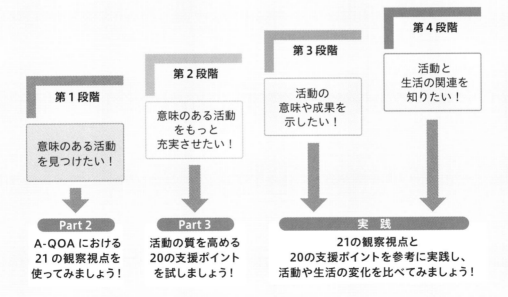

図2）活動の悩みの経過とA-QOA・支援のコツとの関連

した。すると、「洗濯物をたたむ」「赤ちゃん人形を抱っこしてあやす」活動の時に、笑顔や周囲の人との交流が増え、A-QOAの採点においても他の活動と比較して点数が高く、意味のある活動であることがわかりました。A-QOAを使うと、活動が数値で表現されるため、どの活動が本人にとって質が高いのかが明確になります。そしてトミ子さんは、洗濯物をたたむこと、赤ちゃんをあやすことが施設での役割となりました。また「トミ子さん、洗濯物をたたんでいるとき良い感じよね」と主観的に感じていたことが証明され、自分の感覚は間違っていなかったと自信になりました。

〔第2段階〕
もっと心地よく！ 意味のある活動をもっと充実させる工夫

　トミ子さんに意味のある活動が見つかると、「その活動をもっと充実させたい」という欲が出てきました。私はトミ子さんの家族やケアマネジャーに電話をして、トミ子さんの趣味や人となり、施設入所前の生活などを尋ねました。そしてトミ子さんが

今、施設の中でどのように日常を過ごすのか一日を通して観察しました。すると、「専業主婦の役割があった」「元々は近所づき合いが多く社交的な人」「世話焼きな性格」「一緒に入所しているキヨさんと相性が良い」などの情報を得ることができました。そこでトミ子さんが活動する時は、キヨさんを含めた少人数で行うようにしました。そして、人との交流を促進し、自尊心が高まるように施設職員が「トミ子さんいつも助かっています、ありがとう」と積極的に声かけをしました。これに対してトミ子さんは、恥ずかしそうに満面の笑みで「いいよ」と返し、隣のキヨさんに洗濯物のたたみ方を伝え、自ら世話を焼いていました。前述した工夫の前後について、トミ子さんの洗濯物をたたむ活動をA-QOAで採点してみました。すると点数が向上していて、同じ活動でも環境を変化させることによって活動の質が高まっていることがわかりました。意味のある活動が見つかったら満足ではなく、さらに活動の質が高まるように工夫をすると、より活動は充実します。具体的にどのような視点で工夫をしたらよいのか、その支援のコツは、本書Part 3に詳しく記載されています。

みんなに知ってほしい！ 活動の意義と成果

　活き活きと活動するトミ子さんを見て、「活動をする意義や（作業療法の）成果を示したい」と考えるようになりました。そして意味のある活動を見つけ、より活動の質が高まるよう工夫をしたことが、トミ子さんにとってどのような意義があったのかという問いにつきあたりました。

　認知症のある人の支援においては、妄想や暴力などの症状の軽減、着替えや排せつなどの日常生活活動の能力の維持や向上などを求められることが多いのではないかと思います。では、この求めに対して、活動は役に立っているのでしょうか。その答えはYesです。トミ子さんは現在遠方に住む娘さんの家の近くにある施設に移り住みましたが、私が関わっていた約半年間、活動を通した関わりをきっかけに、妄想や暴力などの症状が軽減し、日常生活活動の能力は維持されました。このように活動は、その時間を良い状態で過ごすだけではなく、認知症の症状や日常生活活動の能力など本人の様々な要素に良い影響をもたらす可能性があります。そしてこの活動の成果は、「認知症のある人にとって活動は、ただ遊んでいるのではなく、本人が良い状態になって認知症の症状や心身機能の維持にも効果があるのだ」と、私の代わりに施設職員らに説明してくれました。こういった経験から、活動がトミ子さんにとって意義があったのだと理解できました。またこれは、活動を通して健康や幸福を促進するという作業療法士としてのアイデンティティの支えの1つになっているような気がします。

〔第4段階〕
**人生を豊かに！
活動と生活の関係**

トミ子さんとの関わりの中でさらに活動への疑問は深まり、「活動が本人の生活とどのように関連しているのだろうか」と思いました。つまり、意味のある活動によって、良い状態で過ごすことが、本人の生活にどのような影響を与えるのかを知りたいと考えました。トミ子さんを通して振り返ると、トミ子さんは意味のある活動によって、生活に張りが出て元気になりました。そして、掃除や編み物など他の活動へも関心を示すようになりました。また「施設職員のトミ子さんに対する意識」も変化していました。何もできないトミ子さんではなく、洗濯物をたたむのが得意なトミ子さん、赤ちゃんをやさしく包み込むトミ子さんへと職員の意識が移り変わり、施設職員からの日常的な声かけや関わりが増えました。

このように活動は、本人自身だけでなく、周りの環境にも変化をもたらします。

認知症のある人の支援において重要なのは、本人らしく活き活きと過ごすことです。一つひとつの活動は短い時間かもしれません。しかし、その活動が増えていくことでそれぞれの時間の連続性が生まれ、一日の生活につながります。そして、一日が二日、一週間と結びつき、認知症のある人のこれからの人生が豊かになっていくと私は信じています。A-QOAを用いて活動の支援をしたトミ子さんは、毎日の中に楽しいと思える時間が増え、活気ある生活を送っています。

こうしてA-QOAは私の様々な悩みを解決の方向へと導いてくれました。きっと本書を手に取ったみなさんの悩みについても、解決の手がかりを与えてくれることと思います。

（坂本千晶）

Part 2

A-QOAにおける
21の観察視点

Assessment of Quality Of Activities
Beginner's Guide

21の観察視点

　本章ではA-QOAにおける21の観察視点について、1つずつの観察項目を取り上げて説明していきます。まずは、観察項目の概略を知ってもらいたいので、それを以下に紹介します。

　A-QOAは活動の遂行や、感情表出、活動の結果から得られるその人への影響、社会交流が生む状態、言語表出を評価の着眼点に置いています。

	観察項目	短縮名称	英語表記
01	活動を開始する	開　始	Initiation
02	活動の対象に視線を向ける	視　線	Gaze
03	活動の対象に体を位置づける	位　置	Position
04	活動を継続する	継　続	Continuation
05	活動に集中する	集　中	Concentration
06	活動に関わる知識や技術を示す	技　術	Technique
07	活動中に内容を選択する／好みを示す	選　択	Selection
08	活動が円滑に進むように工夫する	工　夫	Contrivance
09	活動の結果として満足感を得る	満　足　感	Satisfaction
10	有能感を得る	有　能　感	Capability
11	次の活動への意欲を示す	意　欲	Willingness
12	笑顔が見られる	笑　顔	Smile
13	高揚する	高　揚	Excitement
14	活動を通して交流する	交　流	Interaction
15	一緒に協調して活動する	協　調	Cooperation
16	活動に関係した知識・技術を教える	教　授	Instruction
17	他者に意思を伝える	意　思	Intention
18	他者を思いやる	思いやり	Consideration
19	活動から喚起される感情を他者と共有する	共　有	Share
20	発語の流暢さがある	流　暢	Utterance
21	回想する	回　想	Reminiscence

次に一般的な活動をする際に見られる様子をA-QOAで評価項目になぞらえて示します。観察項目を文中の「」で示しています。

人は<u>活動を遂行する</u>時に、まず活動を「①開始」するために準備し、その活動が行われる場所に「②視線」を向け、適切に体を「③位置」づけます。そして活動を「④継続」し、「⑤集中」していく中で、活動に関わる知識や「⑥技術」を発揮し、時に活動の内容を「⑦選択」したり、問題があれば円滑に進むように「⑧工夫」したりします。

<u>活動を行った結果</u>として、「⑨満足感」や「⑩有能感」を示したり、次の活動に「⑪意欲」を示したりします。

活動中には様々な<u>感情表出</u>が見られます。「⑫笑顔」が見られたり、気分が「⑬高揚」したりする時もあるでしょう。

活動中の他者との関わり、つまり<u>社会交流</u>も重要な要素です。仲間との「⑭交流」があり、時には「⑮協調」し、周囲に何かを「⑯教授」したり、「⑰意思」を伝えたりします。また周囲の人に「⑱思いやり」をもったり、感謝したりもするでしょう。何か良い作品が完成したら、お互いにその気持ちを「⑲共有」したりもします。

他者との交流で<u>言語表出</u>がみられる時、活動が自分の好きなこと、楽しめることだったら、しゃべりが「⑳流暢」になったり、昔のことを「㉑回想」したりもします。

採点基準

A-QOAによる観察では、活動によりこれらの反応が見られることが、その人にとって意味のある活動であると判断し、高い得点をつけます。各項目を4点から1点で得点をつけます。

以下、採点基準の概略を一覧にしています。各項目の紹介とともに、その項目の採点例も本書で紹介しますので、評価時に参考にしてください。

4点：非情に強く／例外的に観察される
3点：観察される
2点：観察されるが程度は限定的／疑問
1点：観察されない

01 活動を開始する

認知症により活動が行われる場所や物の保管場所、あるいは、その日のスケジュールがわからなくなり、活動を開始するのが難しくなることがあります。そのような状況の中で、自ら主体的に活動の準備をしたり、参加したりすることは、その活動が本人にとって価値があることを表現しています。

観察の視点

☑ 活動に対する拒否がなく、何らかの活動を誘われて始めるか、自ら主体的に開始しているかを観察する。

☑ 活動を行うための道具の準備、始める前の物や場所の整理、手順やメンバーを確認するなど、活動に対しての準備はどのようにしているかも重要な視点である。

例）レクリエーション

 活動の質が高い

開始5分前から開催場所に集まり、スタッフに人数を確認しながら椅子を並べている。

 活動の質が低い

開始の時間になりスタッフが参加の声かけをしているが、返事はあるものの、動こうとしない。

（4点）非常に強く／例外的に観察される

●他者が絵手紙をかいているのを見て、「絵手紙が前からかきたかったのよ」などと以前からとても楽しみにしていたようなことを発言しながら、活動を開始する。（図）

●活動をするのを待ちに待っていたような様子で、活動が始まる前になると笑みを浮かべ、開始されるのを楽しみに待つ様子が見られる。

前から
かきたかったの

（3点）観察される

●レクリエーションが始まることを聞いて、その場所に移動し、椅子を並べるなどの手伝いをしている。

●ラジオ体操の音楽を聞いて体を動かし始め、淡々と参加している。

（2点）観察されるが程度は限定的／疑問

●習字をしぶしぶ一筆だけ書いてやめる。（図）

●体操に参加し体の一部だけを動かす様子を見せるが、持続しない。

●塗り絵を始めるにあたり、他者から声をかけられて始める。

（1点）観察されない

●活動に参加するように声をかけられているが、行う様子がまったくない。

●活動が行われている場所には来たが、他のことに気を取られていて、活動を行う様子がない。

●折り紙を1枚取るように頼まれるが、声かけを無視して行わない。

02 活動の対象に視線を向ける

認知症により視覚的に認識できる範囲が狭くなったり、視界内にない物には気づかなくなったりします。活動の対象に適切に視線を向けて、さらには凝視したりする様子はその人がその活動に興味をもっているサインとして判断できます。

観察の視点

- ☑ 活動時に視線が向けられるべきところに向いているかを観察する。
- ☑ 他の活動から観察対象になる活動に注意が向いた場合も含む。大きな音などの不快な現象が原因となるようなネガティブな状況下で注意が向いた場合は除く。

例）歌の会

 活動の質が高い

歌を歌う時に、舞台に立ち、目を見開いて歌を届けたい人のほうをじっと見ながら歌っている。

 活動の質が低い

歌のグループに参加しているが、歌を歌うよう促しても、終始うつむいていて、膝の上に置いてある歌詞にすら目を向けていない。

（4点） 非常に強く／例外的に観察される

- 過去に自分が制作した作品を見つけ、大きく目を見開き驚いた表情を浮かべながらその作品を見ている。（図）
- 制作中の作品を、繰り返し、細部まで確認するように見つめている様子がうかがえる。

（3点） 観察される

- 手工芸を行っていて、必要な時に必要な場所や物に対して適切に視線が送られている。
- 料理のグループに参加していて、料理はしていないが、他者が行っている様子は興味深そうに見ている。

（2点） 観察されるが程度は限定的／疑問

- 裁縫中に隣のレクリエーションの様子が気になり見ていたが、スタッフの促しにより裁縫に視線を戻す。（図）
- 活動をする前に声をかけると、その活動を見ようとするが、またすぐに目をそらす。
- テレビをつけていても反応や観ている様子はないが、出身地の映像が流れた時だけ一時的にテレビを観る。

（1点） 観察されない

- 回想法中にテーマに対して発言を促すが、ずっと下を向いていて、呼びかけに空返事をしている。
- 活動への参加を促すが、終始うつむいていて、対象に興味をもたない。
- 活動中に嫌な音が聞こえ、その方向を不快な感情を伴いながら眺めている。

観察項目
03 活動の対象に体を位置づける

　認知症により活動が行われている場所がわからなかったり、正しく態勢が整えられないことがあります。自ら主体的に活動が行われている場所に行き、適切な位置に体を向けて参加することは、自らがその活動に参加するという姿勢を示している重要な徴候になります。

観察の視点

☑ 活動が行われる場所に自ら移動する、あるいはその方向に体を向けるなどして、活動が行える態勢を整え、そして活動中も継続して体を活動に位置づけているかどうかを観察する。

例）お茶会

お茶会が行われることを知ると、急ぎ足でそこに向かい参加しようとする。

参加はしているが、そっぽを向いていて、その姿勢からは明らかな拒否反応が見られる。

4点　非常に強く／例外的に観察される

● 身を乗り出すようにしてテレビを観るなど、もっと細かい部分まで観ようと体勢を変える。

● 会話をしている際に、会話の対象に対して他の人にはしないような親密な距離感で話をする。

3点　観察される

● ボーリング大会に参加していて、自分の順番になると自ら投げる位置に向かいボールを投げる。（図）

● 活動が行われる方向に体の向きを変え、活動中は適切な体勢を維持して、活動を行っている。

● 自分では移動できないため、人に頼んで移動を手伝ってもらい、活動が行われている場所に行く。

2点　観察されるが程度は限定的／疑問

● 塗り絵を少し塗った後に、椅子にもたれて隣の人と話をしている。

●「レクリエーションの時間ですよ」と声をかけられ、自らその場所に行って椅子に座るが、レクリエーションが始まるとすぐにその場を離れる。

● 介助されて手工芸のグループに参加し、他の人が行うのを見ているが、自分ではしようとしない。

● 繰り返しお茶を入れるように促すが、すぐには台所に行くような様子を見せず、時間がたってからそこへ移動する。

1点　観察されない

● 体操に参加しているが、テレビが気になっていて体ごとそちらを向いている状態である。（図）

● 活動する場所にはいるが、そこから離れようと椅子から何度も立ち上がろうとするので、スタッフに繰り返し制止されている。

● 活動が行われているところに無理やり車いすで連れてこられている。

04 活動を継続する

　認知症の影響により、活動を継続して取り組むのが難しくなることがあります。何かのきっかけで手が止まったり、他のことに注意が向いたりして活動の継続が途絶えることがあります。継続できるということは、活動に意識が向き、活動の目的に向けて継続的に活動に関わろうとする良い状態を示しているといえます。

観察の視点

☑ 活動を継続して行えているかどうかを観察する。

☑ 本人にとって適度な量の活動を継続して取り組む様子があるかを観察する。

例）将棋

 活動の質が高い

　対局をしていて、相手の指す時間も集中力を切らすことなく将棋盤に目をやり、先々の手を思索する様子がうかがえる。

 活動の質が低い

　将棋を始めたが、すぐに隣にあるテレビが気になり、相手が指し終えたことにも気づいていない様子で、将棋が進まない。

4点 非常に強く／例外的に観察される

● 複数人で行った体操の時間が終わった後も、自主的に運動に励む様子が見られる。

● 活動の決められた時間に終了せずに、活動を継続して行っている。

● 休憩時間にもかかわらず、活動を継続して行おうとする。

3点 観察される

● ゲームを順番にしている際に、次の自分の出番を待っている時でもゲームに参加している様子（例えば、他の人を応援する、自分の番を待ちわびる様子がある）が観察される。（図）

● 活動を途切れることなく継続して行い、本人の状態と活動の内容を考慮して適度な量の活動が行えている。

2点 観察されるが程度は限定的／疑問

● パズルをしているが、1ピースはめては休憩をし、しばらくして再開するを繰り返す。

● 活動をしばらく持続して行っていたが、声をかけられて注意を奪われ、そのまま活動を終了する。

● ゲームを順番にしている際に、他の人が行っている様子などに関心がなく、自分の出番の時だけ参加するなど、断続的な参加の様子が見られる。

1点 観察されない

● タオルをたたむように頼まれたので少ししたが、スタッフがその場から離れると、すぐに手が止まり何もせずに過ごしている。（図）

● 一度は活動を始めるが、周囲で行われていることに気を取られ、すぐに活動を中断する。

● 活動自体を始めることがない。

観察項目

05 活動に集中する

　認知症の影響により、ざわざわと音がしたり、人が動き回っていたりする騒々しい環境下では容易に注意が奪われます。そういった外部の刺激を気にすることなく、活動に集中ができているという状態は、活動への関心が強いことを示しています。

観察の視点

☑ 活動に集中していて、真剣な表情や没頭している様子が見られるかを観察する。

☑ 活動へ参加・関与する態度や状態が、活動に入り込んでいるかを観察する。

例）塗り絵

 活動の質が高い

　周辺が騒がしく、通常、集中するのが困難な場面にもかかわらず、それらのことに見向きもせず集中して塗り絵を行っている。

 活動の質が低い

　塗り絵のグループの輪には入っているが、そこに座っているだけで、塗り絵をしようとする様子も見られない。

4点 非常に強く／例外的に観察される

- 習字をしていて、一筆一筆を真剣な姿勢で、集中して取り組む様子が見られる。（図）
- 音が鳴ったり、声をかけられたり、通常活動から気がそれるような刺激があるにもかかわらず、活動に没頭している。
- 無我夢中で活動に集中していて、他のことに対して見向きもしない。

3点 観察される

- 料理のグループで頼まれたことを淡々とこなしている。
- 声をかけると手を止めるが、特にそのような刺激がなければ集中して編み物を行っている。
- 隣の人と会話しながらも、手を止めることなく塗り絵をしている。

2点 観察されるが程度は限定的／疑問

- 塗り絵をしているが、テレビをちらちらと観ながら行っていて、手元がおろそかで気がそれている状態が見られる。（図）
- 一時的に活動に集中して取り組む様子が観察されていたが、短時間しか集中する様子が観察されない。
- 活動を行っている時間の一部は真剣に活動に向かう様子があるが、大半は周囲の様子を気にするなど、集中できていない様子である。

1点 観察されない

- 活動に参加しているが、他の人や他の活動などが気になっていて、それに集中しているとはいえない状態である。
- 料理のグループに参加しているが、そこに座っているだけで、活動には参加も関与もしていない。

06 活動に関わる知識や技術を示す

　認知症によりエピソードに関わる記憶は低下しやすいのに対して、今まで学習されてきた知識や技術といった手続きに関する記憶は低下しにくい特徴があります。知識や技術を活動中に示すことは、本人にとって今までにつちかってきた経験を披露することができる重要な場面だと考えられます。

観察の視点

☑ 過去に習得された知識や技術が、言語や動作に自然に出てくるかを観察する。

例）着付け

◎ 活動の質が高い	✕ 活動の質が低い

| 着付けを始めると自信に満ちあふれた表情になり、テキパキと動いて、しっかりと着付けの所作を示す様子が見られる。 | 急に着付けを手伝うように頼まれるが、やったことがないようで混乱している。 |

4点 非常に強く／例外的に観察される

- 元すし職人の人が包丁の種類や魚のさばき方について身振り手振りを交えながら、じょう舌に話している。（図）
- メロディーに沿って、感情を込めながら流暢に歌を歌っている。

3点 観察される

- 園芸をしている際に、ここはこうしたらいいなど、作物の栽培に関しての知識が出てくる。
- 料理の際に、慣れた手つきで包丁使いや箸さばきが見られる。
- 歌をメロディーに合わせて歌っている。

2点 観察されるが程度は限定的／疑問

- メロディーが流れていて、それに合わせて歌を少しだけ口ずさんでいる。（図）
- 過去の活動に関わる経験や知識について語る様子があるが、時折それに対して不安や自信のなさが感じられる。
- 昔にしていたような動作が見られるが、十分な判断ができない。

1点 観察されない

- 特に今までの知識や経験を生かしたような言動はみられない。
- 初めて行うフィンガーペインティングの説明を聞いて、戸惑いながら行っている。

　認知症により自ら内容や方法を考えて選ぶことや、適切に好みを示すことが難しくなることがあります。そのため、人として大切なニーズの１つである自分の希望や趣向を表現することは、その人らしさを示す重要な要素です。

観察の視点

- ☑ 活動中に内容や方法を選ぶ様子や、好みやこだわりを示す様子が見られるかを観察する。
- ☑ 過度に周囲の人を困らせるようなこだわりや主張は好ましいとはいえない。

例）塗り絵

 活動の質が高い

　単色でよいような場面でも、様々な色を重ねて陰影や色合いを出していて、塗り絵に対して自らの趣向をもって取り組んでいる。

 活動の質が低い

　スタッフから渡された色鉛筆一色ですべてを塗り続けていて、自ら考えて色を選ぶ様子などが特に見られない。

4点 非常に強く／例外的に観察される

● 他者が勧める方法に対して、自分なりのこだわりを説明し説得をし、自分のやり方に特に強い好みが示される。

● 塗り絵を複数の色で塗り重ねて色合いを出すなど、強いこだわりが作品に見られる。

3点 観察される

● ケーキ作りで、できあがったケーキから自分の好みのものを選ぶ。（図）

● 塗り絵を自分で考えて色を変えながら行っている。

● 料理をしながら、「甘いのが好き」などと自分の好みを話す。

● 歌の会で参加者に何が歌いたいかを尋ねられ、自ら手を挙げて好きな歌をリクエストする。

2点 観察されるが程度は限定的／疑問

● 塗り絵をしていて、どの色を塗るかの選択を他者から求められ、自分で色を選択する。

● 他者から促される形で、活動の行い方を選択したり、変更したりする。

● 歌の会で、自分の歌いたい歌を直接尋ねられて、答える。

1点 観察されない

● 雑誌を渡され、特に記事に関心があるわけでもなく、パラパラとページをめくる。（図）

● 活動自体を行っていない。

● 淡々と活動を行っていて、内容を変えたりするような様子が見られない。

08 活動が円滑に進むように工夫する

　認知症により活動の目標が不明確になりやすく、目標の達成に向けてどのようにすれば活動が円滑に進むのかを考えるのが難しくなることがあります。活動の終了に向けて、問題となることを解決したり、より良くなるように工夫したりする様子が見られることは、活動に強い意志が向けられている証拠です。

観察の視点

☑ 活動中に方法を変更したり、新しいことを試みたりするなど、活動の遂行にあたって問題となるようなことを解決する。

☑ より良く活動を遂行するために、発展的かつ能動的な変化をもたらす様子を観察する。

例）ガーデニング

◎ 活動の質が高い

　今、咲いている花の配列や配色を見て、参考になる本や写真を見ながら、どこに何を植えるか、植え替えるかなどを試行錯誤しながら、ガーデニングを楽しんでいる。

✕ 活動の質が低い

　スタッフから言われたように、ガーデニングの植え替えを淡々としている。

4点 非常に強く／例外的に観察される

● 活動が円滑に進むようにリーダーシップをとり、他者に役割を分担するなど、一緒に前向きに活動をする姿勢が観察される。

● ライブで観客が盛り上がっているのを見て、大きく手拍子を始めたり、曲をアレンジしたりするなどのパフォーマンスでさらに会場を盛り上げている。

3点 観察される

● 手で雑草を抜いていたが、途中からスコップを使って作業を続ける。（図）

● 座って行っているとうまくできないので、立ち上がったり中腰になったりして活動を行う。

● 次の工程がわからないので、数人の人に聞いて解決しようとしている。

● 問題が起こる前に予測し、その防止策をとるなどの工夫が見られる。（例、絵を描く時に机が汚れないように新聞を敷く）

2点 観察されるが程度は限定的／疑問

● 他者に促される形で、より良く行うためや問題解決のために活動の行い方を変更する。

● 次の工程の方法がわからず、他者に尋ねるが明確な回答はなく、活動が終わる。

● 塗り絵をしていて、何色で塗ったらよいか迷っているのをスタッフから助言され、色を変えて再び塗り始める。

1点 観察されない

● お茶を入れようとしているが、急須の使い方がわからず、同じ方法で繰り返すため、問題が解決されない。（図）

● 活動は行っているが、特に行い方などの工夫はしていない。

活動の結果として満足感を得る

　認知症の影響で活動の完了がわかりにくくなったり、何の目的でその活動を行っているのかを認識しておくことが難しくなったりして、結果として活動を通して満足感を得られにくくなります。そのため、本人が活動を通して満足感を得られるかは、活動が本人にとって意味があるかの重要な指標の1つです。

> ### 観察の視点
> ☑　活動の結果や他者からの称賛に対して満足や喜び、達成感を示すような表情や発言を観察する。
> ☑　活動中に行っていることに対して、満足感を示す言動があるかどうかも観察する。

例）レシピ集作り

活動の質が高い	活動の質が低い

自慢料理のレシピ集を作り、グループのメンバーにレシピの説明をして「おいしそうね」と言われたことに対して、満足そうな表情を浮かべる。	自分で作ったレシピ集を、無表情でただパラパラとめくっている。

(4点) 非常に強く／例外的に観察される

● 自分の仕上げた作品に対して、他者に話しかけて解説をし、満足そうな表情を浮かべる。

● ライバルにゲームで勝った時、力作を完成させた時など、以前に決めた目標を達成した時にやり切った印象の言動がある。

● 自分が育てたミニトマトを他の人に食べてもらい褒められて、満足そうな笑みを浮かべミニトマトのおいしい食べ方について説明をしている。

(3点) 観察される

● 作った料理を「おいしい」と言って食べてもらえたので、笑顔を見せる。（図）

● レシピ作りをして、他者から「役に立った」と言われたことに対して、「役に立って良かった」などの発言が聞かれる。

● レクリエーションに参加したことの感想を求められ、「楽しかった」などと感想を述べる。

● 完成した手工芸の作品に対して、他者から称賛を受け、満足そうな言動がみられる。

(2点) 観察されるが程度は限定的／疑問

● 回想法のグループに参加して、「楽しかった？」と聞かれて「はい」と答える。

● 一時的に喜びを示すサインが見られるが、それ以外の時は淡々と活動をしている。

(1点) 観察されない

● 折り紙をしているが、特に表情の変化もなく、淡々と折り進め、活動を終了する。（図）

● 活動は行っているが、それ自体に対する楽しみのような快感情の感想を述べたり、表情からも喜びや笑みなどの満足感を示したりする様子はない。

10 有能感を得る

認知症が進行すると、今までできたことがうまくいかなくなったりすることで、有能感を喪失しやすい状況になります。そのため、能力に合わせて活動を調整し活動がうまくいくようにするなどの工夫をして、本人に有能感が得られるようにすることが大事です。この有能感が本人の生活の質にも影響します。

観察の視点

☑ 自己の能力を確認するような発言が聞かれたり、自分が行った活動の内容や結果に対して、誇らしさやプライドなどの有能感を示す表情や発言がみられるかを観察する。

☑ 自分が活動をしていなくても、誰か関係する人がうまく活動を終えて喜んでいるなどの状況を含む。

例）オセロ

 活動の質が高い

ゲームで相手に勝ち、スタッフを呼んで、自分が勝ったことを誇らしげに報告している。

 活動の質が低い

ゲームをしているが、勝ち負けには興味がなく、一応のルールがわかるのでつき合いでやっている。

4点 非常に強く／例外的に観察される

● 「これは自分だからできるんだ」というような、その活動に対して自己の能力が例外的に高いことを認識している発言がある。

● 絵を描き終えて、周りの人に対して、「これが僕の作品だよ」と言っては、自慢そうに見せて回っている。

3点 観察される

● 紙細工で作った作品を「こんなに素敵なのができた」と隣の人に見せている。（図）

● 貼り絵を完成させて、その出来栄えに納得し、「まだ自分はできるんだ」というような発言が聞かれる。

● 誰よりも早く作品が完成したため、喜びとともにプライドを示す表情を浮かべる。

2点 観察されるが程度は限定的／疑問

● 完成した作品を自分ではあまり良いと思っていない様子であったが、他者から褒められたことで、「これで良かったんだ」「またやりたい」などというような発言が聞かれる。

● 料理がうまくできたのを褒められて、口元が緩む。

1点 観察されない

● テレビを観ているが、特に表情を変えることなく、じっと観ているだけである。（図）

● 活動は行っているが、活動の結果や評価に関心がなかったり、誇らしさを示すような様子が見られない。

11 次の活動への意欲を示す

認知症が進行すると、先のことを見据えて行動することが苦手になり、次の活動内容や計画に関して発言することが少なくなります。そのため、将来への活動の意欲が見られることは、活動への強い興味を示しポジティブな気持ちをもっていることの現れとして解釈できます。

観察の視点

- ☑ 今、行っている活動の影響を受けて、発展的に次の活動への計画や次の活動へのポジティブなイメージをもっているような言動がみられるかを観察する。
- ☑ 活動からネガティブな感情（怒り、悲しみ、嫌悪など）を得た結果、他の活動に移行した場合は評価の対象としない。

例）料理

◎ 活動の質が高い	✕ 活動の質が低い

料理のグループで活動中、作った料理を食べながら、グループの参加者とともに次は何を作るかについて大いに話が盛り上がり、自分のアイデアを話したり、他の人の意見を聞いたりして、楽しそうに計画を立てている。

料理を作って、食事をして、片づけるという一連の活動を淡々とこなしていて、特に、次に何をするかについての発言などは聞かれない。

4点 非常に強く／例外的に観察される

- 外食に行って食べ終えてから、「また来週も食べに行こう‼」と強い意志をもって次回の計画について熱く語る。（図）
- 活動が終わった時に、次の活動の目標や計画を雄弁に語る様子が見られる。

3点 観察される

- 活動が終わった後に、次はこういうのを作ってみたいなどの期待や計画をもつ。
- 次回の活動の予定を確認するなど、次回への参加意欲を見せる。
- 活動を終えてから、続けて自ら選んだ他の活動を行う。
- 料理の活動を終えて、次に何を作るかについてメンバーと一緒に話をする。

2点 観察されるが程度は限定的／疑問

- 体操の活動を終えて、いつも決まっている歌の活動に移行する。（図）
- 他者の促しにより、次の活動の予定を立てたり、他の活動を始めたりする。
- 「次またやってくれる？」と話しかけられ、「うん」と答える。
- 活動を終え、予定されている活動に移行する。

1点 観察されない

- 活動は行ったが、その活動が終わると特に何もすることなく過ごし始める。
- 体操についていけず、気分を害したようで、途中でその場を離れる。

12 笑顔が見られる

　生活の中で失敗を繰り返し、自尊心が傷ついたり、不安を抱えたりしやすい認知症のある人にとって、活動中に見られる笑顔は、関わる人や活動からとても良い影響を受けていることを示すサインとなります。

観察の視点

- ☑ 活動中に嬉しそうな表情や笑顔がどの程度見られるかを観察する。
- ☑ この項目は、活動の影響を受けて生じる快感情の表出をみるものであり、幻聴や幻覚による空笑や、人を見下すような失笑は評価の対象に含まない。

例）物を使った回想活動

◎ 活動の質が高い

お手玉を使った回想活動で、子どもの頃の楽しかったエピソードを笑顔でずっと話す。

✕ 活動の質が低い

お手玉に興味を示すことなく、スタッフに話しかけられても無表情でじっと下を見つめている。

4点 非常に強く／例外的に観察される

●赤ちゃんをあやしている間、ずっと持続してとても良い笑顔や笑う行動が見られる。

●活動中にお腹を抱えて笑うような大爆笑をしている。

3点 観察される

●散歩に行って花を見た際に「きれい」と言い、良い笑顔になる。（図）

●活動中に他者からユーモアのある発言があり、声を出して笑う様子が見られる。

●楽しんで活動をしていて、笑顔がよく見られる。

2点 観察されるが程度は限定的／疑問

●活動中に一時的に笑みが見られるが、その持続性は低い。

●周囲に合わせる形で愛想笑いのような表情を浮かべている。

●活動を行うことで表情が緩む様子が見られる。

1点 観察されない

●輪投げで連続して的棒に入るが、嬉しそうな表情や笑顔が見られない。（図）

13 高揚する

　認知症の進行に伴い感情が平板化したり、意欲が減退しやすい認知症の人にとって、活動を通して感情が高ぶり、明るい気分になることは、活動や生活の意欲を引き出すとても重要な要素といえます。

観察の視点

- ☑ 活動中の快感情が高ぶる様子を、表情、声のトーンや大きさ、動作を通して観察する。
- ☑ ネガティブな感情や気分で高揚している場合は含めない。例えば、激高したり、悔し泣きによる感情の高ぶりは、評価の対象としない。

例）孫の赤ちゃんを抱っこ

◎ 活動の質が高い	✕ 活動の質が低い

　娘が連れてきた孫（赤ちゃん）を見て感情が高ぶり、「まあ、かわいい」と言いながら抱っこしたり、「いないいない、バァー」とあやしている。

　娘から孫を抱っこするよう勧められるが、「こわい、こわい」と言って拒否する。特に、感情が高ぶる様子は見られない。

4点 非常に強く／例外的に観察される

●音楽ライブのステージで観客席からの声援を受け、マイクを強く握りしめて感情を込めて熱唱している。（図）

●ダンスの発表会を終え、体中で喜びを表わし、非常に感情が高ぶっている様子が見られる。

●歌のグループ活動で、歌いながら自ら立ち上がり、ダンスをしたり、手拍子をしたりして、大いに喜び楽しんでいる。

3点 観察される

●ゲームに勝利して、大きな声で喜んだり、体を動かして喜びを表現する。

●みんなで作った作品が完成し、その喜びを大きな声で表現している。

●一人で、テレビでサッカー観戦をしながら「行け！ 行け！」と言ったり、手をたたいたりして応援をしている。

2点 観察されるが程度は限定的／疑問

●作品づくりでうまくいかなかったことが解決され、小声で「よしっ！」と喜ぶ様子が見られる。（図）

●活動中に一時的に笑い声とともに気持ちの高揚が見られる。または、ポジティブな意味での驚きの声（例、「おおーっ！」）が聞かれるが、その持続性はない。

●一緒に活動している人が高揚している様子を見て、それに同調してやや高揚する様子が見られる。

1点 観察されない

●活動中に喜びを表現するなどの気分が高揚する様子が観察されない。

●怒りや不安などのネガティブな感情によって興奮する様子が見られる。

14 活動を通して交流する

　認知症になると相手の言葉や表情を理解したり、思いを言葉にすることが難しくなるため、他者との交流がうまくいかなくなることがあります。そのような認知症のある人にとって、良い状態となるような他者との言葉や感情の交流は、活動から良い影響を受けている証しといえます。

観察の視点

- ☑ 活動に取り組む中で、他者と良い関わりをもてているかを観察する。
- ☑ 活動を一緒に行う参加者だけでなく、スタッフとの交流も観察の対象とする。

例）ジェンガのチーム戦

 活動の質が高い

 活動の質が低い

活動の質が高い	活動の質が低い
味方チームのメンバーがどのパーツを引き抜こうか思案している時に、積極的に「これはどう?」とアドバイスしたり、成功した時に一緒に喜んでいる。	自分の順番が来て、スタッフに促されるがそっぽを向き、パーツを引き抜こうとせず、交流したがらない。

4点 非常に強く／例外的に観察される

● 隣の人とずっと楽しそうに世間話をしながら、編み物を続けている。
● 一緒にゲームをしている際に、隣にいる人に積極的に声をかけたり、楽しそうに拍手をしたりと非常に良い交流関係が見られる。

3点 観察される

● 他者が行っている工作に興味をもち、話しかけ、交流している。（図）
● 近くにいる人に世間話をするなどし、主体的な交流が見られる。
● 話しかけられて、それに対して返答するだけでなく、途中から積極的に発言し、会話が弾んでいる。

2点 観察されるが程度は限定的／疑問

● はじめは目を合わせようとしなかったが、他者からの郷土の話をきっかけに、時々他者と目を合わせるようになる。
● 活動中に他者から声をかけられ、返事はするが自ら主体的に交流することはない。

1点 観察されない

● 他者が周囲にいるにもかかわらず、関心を示すこともなく、交流が見られない。（図）
● 周囲にいる他者に対して、不適切な言動があり、周囲に溶け込めない状態にある。
● 集団で行う活動を孤立した場所で実施している。

※複数人の交流相手がおり、その交流の質に差がある場合は、主な交流相手との状況について評価を行う。

15 一緒に協調して活動する

　他者と一緒に活動に取り組むことは、その人との関係性を深め、集団内での仲間意識や帰属意識を高めます。また、人への貢献感を育むことにつながり、自分自身や周囲の人に良い影響を与えます。

観察の視点

- ☑ 他者と活動を共有し、協調して取り組んでいるかを観察する。
- ☑ 活動がうまくいくように積極的、能動的に周囲の人に働きかけたり、コミュニケーションをとっているか、あるいは受身的だったり、拒否的だったりするかで判断する。

例）グループで料理活動

 活動の質が高い

メンバーに食材や道具を渡しながら役割を依頼し、手本を見せたり、助言をしたりしながらリーダーシップをとっている。

 活動の質が低い

隣の人の食材や道具を勝手に取って使おうとする行為が何度も見られ、メンバーを怒らせて雰囲気を壊してしまう。

（4点）非常に強く／例外的に観察される

- 行っている活動の役割分担を自分で考えて積極的に指示を出し、グループをまとめながら活動を行う。
- 自分の役割を他者から積極的に請け負って、その活動の終了に向けて熱心に行っている。

（3点）観察される

- 貼り絵をしている際に、ちぎる役、紙を貼る役というように自分たちで役割分担をして、活動を共有している。（図）
- ゲームなどで仲間がうまくいくように、アドバイスをしている。
- ちぎり絵を他者と世間話をしながら、一緒に行う。
- 複数人で1つのゲームに参加していて、秩序を保ちながら進めている。

（2点）観察されるが程度は限定的／疑問

- 最初からグループ活動の役割が分配されていて、それを渋々こなしている。
- 料理を教えられているが、拒否はないものの積極的ではなく受身的に教えられている。
- ルールに従ってゲームをしているが、仲間の気分を害すような行動が時折見られる。

（1点）観察されない

- 輪投げの活動で、グループのメンバーと協調することなく、むしろその和を乱すような勝手な行動が観察される。（図）
- 他者と協調して何かするという様子は観察されない。

※複数人の交流相手がおり、その交流の質に差がある場合は、主な交流相手との状況について評価を行う。

16 活動に関係した知識・技術を教える

認知症のある人は、新しいことを覚えられなくても、かつて経験してきた馴染みのある知識や技術を保有していることが多々あります。このような自分がもっている知識や技術を人に教えることができる活動は、認知症のある人の他者への貢献感や自尊心を高める意義のあるものだといえます。

観察の視点

☑ 他者に対して知識や技術を教えるという立場をとって活動に取り組んでいるかを観察する。

例）手品を教える

◎ 活動の質が高い

デイケアで、実習に来ている学生にロープを使った簡単な手品のやり方を手取り足取り熱心に教えている。

✕ 活動の質が低い

ロープの手品がうまくいかず、混乱してしまった後にやり方を尋ねられるが、首を横に振って拒否する。

4点 非常に強く／例外的に観察される

うちの田舎の雑煮は、正月のお祝いでめでたいからいうて7つの食材を入れるんよ。カキとハマグリと……

●料理中に、味つけについて説明をし始め、隠し味や料理にまつわる地域行事や方言など、多数の知識を表出している。（図）

●野菜の植え方について聞かれると、その方法を熱心に説明するだけでなく、その後の育て方など、知っている多くの知識も加えて話をする。

3点 観察される

●活動に関する知識や情報を他者に教える姿勢が見られる。

●縫い方を尋ねると、教えてあげるという形で裁縫を始める。

●寒い日や小雨の日に一緒に散歩していると、天候に関する知識を教えるように話す。

●折り紙をしていて、隣の人が次の折り方がわからず困っていると、折り方を教える。

2点 観察されるが程度は限定的／疑問

それでいいんじゃない？

●園芸中に、ある野菜の収穫について意見を求められると、「それでいいんじゃない？」というようなそっけない返事を返す。（図）

●塗り絵の配色について尋ねられると、その色使いについて簡単な助言をする。

1点 観察されない

●他者に対して、知識や技術を教えるという様子は見られない。

※活動を実際に遂行していなくても、活動を行っている他者に口頭や身振りなどで教示することも評価の対象とする。

※他者に教えてもらいたいと受動的に頼まれたとしても、その後の教え方の積極性が高い場合には得点を高くする。

※この項目が高い時には「観察項目6.活動に関わる知識や技術を示す」（42ページ）も同じように高い得点を示す。

17 他者に意思を伝える

　認知症になると自分の思いを言葉にしたり、目標に向かって活動を前に進めることが難しくなります。そのような認知症のある人にとって、活動に関する、あるいはそこから派生する事柄について自分の意見や思いを伝えることは、活動から良い影響を受けていることを意味します。

観察の視点

☑ 活動が目標に向かって円滑に進むように、他者に対して自分が思っていること、感じていることを表現できる。

☑ 明らかにネガティブな感情を伴った表出（怒り、嫌悪など）や活動に対するネガティブな表現（嘲笑、侮り）、あるいは長時間の過度な訴えが続き、他者関係を悪くするような状態は除く。

例）貼り絵

◎ 活動の質が高い

　4月の壁飾りの貼り絵を検討する際に、「桜の木がいい」「ピンクが春らしくていい」などと積極的に自分の意見を述べている。

✕ 活動の質が低い

　「なんでもいいやないか」「そんなのバカらしい」などと否定的なことばかり言い、参加者の気持ちを逆なでしている。

(**4点**) ## 非常に強く／例外的に観察される

●グループで作品を作っている時に、自分の意見を積極的に述べ、他者とお互いに意見を交わしながら、良い形でグループワークが進行している。（図）

今日は前の続きをやろうと思うんだけど、私はここをやるから、〇〇さんはここをやってくれるかな

(**3点**) ## 観察される

●活動の遂行にあたり、自分の選択や好みといった自己の意思を他者へ表現している。

●料理中に「これが作りたいな」などと自分の好みを他者に伝える。

●工作活動中に隣にいた他者に「ハサミを貸して」などのお願いができる。

●うまくできないことに対して、適切な形で支援を求める。

(**2点**) ## 観察されるが程度は限定的／疑問

●同じ色で絵を塗り続けているところ、他者から色の選択を求められ、自分の好きな色を選択する。（図）

こっち

●頼まれて数人分のお茶を入れているところ、他者に活動を代わってもらうために「やってくれる？」とお願いをする。

●社交ダンスをしている時、まれに相手をリードする様子が見られる。

●他者からの質問に対して、うなずいたり首を横に振ることで意思を伝える。

(**1点**) ## 観察されない

●皿を拭く作業をしていたが、すぐに「できない」と言い放ちやめてしまう。

●活動中に自分の意思を他者に示すような様子が見られない。

●他者に無理な要求をするため周りの者が難色を示しているが、意思の主張をやめず関係性や雰囲気が悪化する。

18 他者を思いやる

　不安や緊張、焦燥感をもちやすい認知症のある人にとって、他者を思いやる行為は、心理的に良い状態であることを示します。また、この行為は相手への愛情を示すものであり、その人との結びつきが強いことを示すサインといえます。

観察の視点

☑ 他者に対して配慮したり、何かをしてあげたり、称賛や感謝したりするなど、他者を思いやる様子が見られるかを観察する。

例）畑作業

◎ 活動の質が高い	✕ 活動の質が低い

　自発的に「わしに任せろ」と言い、土袋の乗った一輪車を押して運んでくれる。

　一輪車を押す援助を求めたが、「そんな重いもの嫌だ」と言い、拒否する。

(4点) 非常に強く／例外的に観察される

●一緒に料理をしていて、卵を泡立てる時にボウルをうまく固定できず困っている様子を見て、ボウルを固定することを自ら申し出て手伝い、うまくいって一緒に喜ぶ様子が見られる。（図）

(3点) 観察される

●ゲーム中に他者に対して、順番を譲ったり、応援したりする様子が観察される。
●元気がない人のところに行って冗談を言うなど、ユーモアを発揮し、楽しませようとしている。
●一緒に活動を行った仲間に「ありがとう」という発言が聞かれる。
●他者から物を借りた際に笑顔で一礼をし、謝意を示す。
●活動に参加していない人に声をかけ、手招きし活動へ誘い入れる。

(2点) 観察されるが程度は限定的／疑問

●ハサミを使用している際に、「少し貸して」と言われ、自分が行っている作業を中断して貸す。（図）
●他者から要求されたことに対して、気をつかってそれに対応する。
●他者に促されて、謝意を示す様子が見られる。
●料理の準備中に、他者がテーブルクロスをかけているのを見て、ほんの少しだけ手伝う。

(1点) 観察されない

●他者を気遣う様子や感謝を示すような様子は見られない。

※一緒に活動を行っている人に対して励ましている場合は「観察項目15. 一緒に協調して活動する」（60ページ）と本項目の両方で採点する。

活動から喚起される感情を他者と共有する

　嬉しい、楽しいといった気持ちを共有することは、その人との心のつながりを感じられる行為であり、喜びや幸福感を生起するとともに、仲間意識を醸成します。このような心理面でのつながりを強める活動は、認知症のある人のウェルビーイングを高める良い活動だといえます。

┌─ 観察の視点 ─────────────────────────
│ ☑　活動中に引き起こされる感情を他の人と共有したり、思いに共感したりする様
│ 　　子を観察する。
└──────────────────────────────────

例）風船バレー

 活動の質が高い

ゲームでの勝利を仲間とハイタッチをしながら喜んでいる。

 活動の質が低い

目をつぶっているなど、風船バレーの活動に無関心。

4点 非常に強く／例外的に観察される

● ゲームで点が入ったり、入れられたりするたびに、仲間とともに喜びや悔しさを表す言動が持続的にみられる。

● 歌のグループに参加して、みんなで手をたたきながら一体となって楽しんでいる。

3点 観察される

● 作品が出来上がり、一緒に行ってきたメンバーと、その仕上がりについて満足した様子が見られる。（図）

● グループで行うゲームに勝利し、同じチームのメンバーと喜びを分かち合っている。

2点 観察されるが程度は限定的／疑問

● 他者に「良かったね」などと声をかけられて、うなずく程度で大きな感情表出は見られない。

● ゲームなどで仲間がうまくいき、その結果を一緒になって喜ぶ。

● 他者に称賛されて喜ぶような様子が見られる。

1点 観察されない

● 特に他者と共有するような感情表出は見られない。（図）

20 発語の流暢さがある

認知症になると思いや考えを表現するのが苦手になり、発語量が減少していきます。そのような認知症のある人にとって、活動を通して感じたことや思ったこと、あるいは過去に経験したことなどが言葉として表出されるのは、活動から良い影響を受けているサインといえます。

観察の視点

☑ 他者との交流の中でポジティブな内容の発語がみられ、言葉が流暢に出てくる。一人で行う活動でも、活動の影響を受けてスタッフと会話している場合にはこの項目で評定する。

☑ 他者を非難し、傷つけるようなネガティブな内容の発話は評価の対象としない。

例）トマトの収穫

 活動の質が高い

 活動の質が低い

他の利用者と一緒に収穫しながら「まだ青いねぇ。もうちょっと置いといてやろうかねぇ」などと言葉が次々に出てくる。

「早く部屋に帰らせて」などと言葉は出るが、ネガティブな内容で、トマトの収穫に参加するのを拒んでいる。

<h2>4点 非常に強く／例外的に観察される</h2>

- 活動中に次々とポジティブな内容の発話がみられ、活動がその発語を持続的に引き出している。
- 着付けをする際に、道具の名前や使い方、ちょっとした工夫や褒め言葉が流暢に次々と出てくる。

<h2>3点 観察される</h2>

次は9点を狙って相手チームに逆転するぞ！みんな応援よろしく！

- ゲームの状況に即して、言葉が主体的に出てくるようになり、その流暢さが増す。(図)
- 運動や手工芸などの活動をきっかけに話をする量が増加する（ポジティブな内容に限る）。
- 他者との交流の中でポジティブな内容の発語がみられる。

<h2>2点 観察されるが程度は限定的／疑問</h2>

- 活動に対する何らかの反応をきっかけに、少しの発語がみられる。
- 単語やキーワードによる短い発語がある。
- 緊張や不安が感じられ、発言に詰まったり、どもったりする様子がある。
- 活動中にポジティブな発語が少しみられる。

<h2>1点 観察されない</h2>

バカらしい

- 輪投げゲームで「バカらしい」と言い、輪を投げ捨てる。(図)
- 発語がみられない。
- 発言があるが、ネガティブな内容や感情表出を伴ったものである。

21 回想する

　認知症になると新しいことを覚えられなくても、昔のことはよく覚えているものです。このような強みを生かして、子どもの頃や、成人してからの思い出や出来事を回想し、懐かしさや喜びの感情が喚起されることは、認知症のある人の状態を良くする良いサインといえます。

観察の視点

- ☑ 他者との交流の中で、昔を回顧し、過去の思い出話をして懐かしむ様子を観察する。
- ☑ つらい経験を思い出し、ネガティブな感情（憎しみ、恨みなど）が現れ、状態が悪くなっている場合は評価の対象としない。

例）かずら工作

◎ 活動の質が高い	✕ 活動の質が低い

　クリスマスリースを作る作業をしながら、子どもの頃に友達と山に入って基地を作ったり、チャンバラごっこをして遊んだ経験を活き活きと話す。

　子どもの頃の体験を覚えておらず、質問されても「わからん」と答えるだけで、人の体験を聞いても無反応。

（4点）非常に強く／例外的に観察される

● 母の日に母親の話をして、次々に思い出話をし、母親への感謝の念を、気持ちを込めて述べている。（図）

● 音楽を聴いて昔の生活を思い出し、懐かしい気持ちがこみ上げ良い意味で涙ぐむ様子が見られる。

● 戦後の貧しい時代の苦労やつらい体験を感情込めて話した後に、すっきりとした表情を浮かべている。

お母さんは忙しい人で、手をつないでお出かけした記憶はあまりないんだけど、入学式の日は手をつないでくれて、桜の木の下で一緒に写真を撮って…

（3点）観察される

● 何らかの物を見たり、話をしたりしたことをきっかけに、昔を懐かしむ様子や昔を思い出す様子が見られる。

● 園芸中に、かつて自身が花を育てていた体験を思い出し、語る様子が見られる。

● 漁師をしていた人が海を見て、昔の仕事の内容について誇らしげに語っている。

（2点）観察されるが程度は限定的／疑問

● 何か懐かしい物を提示された時に、「あっ」「それ知ってるよ」「これやったことある」など、1、2語の反応が見られる。（図）

● 活動に関連した話をしているが、特にポジティブというわけではなく、淡々と昔話を少し語っている。

知ってる？

うん、知ってる

（1点）観察されない

● 活動に関連した回想をしているが、憎しみ、恨み、混乱、怒り、不安や悲しみの表情や言動がみられる。

● 他者との交流はあるものの、回想をするような発言はみられない。

A-QOAをもっと知りたい方へ

　本書はA-QOAを多くの方に知ってもらうための入り口であり、手始めの本という位置づけです。そのため、このPart 2などの内容はA-QOAの正式な評価マニュアルである「活動の質評価法マニュアル　第3版」から抜粋したものになります。本書を読んで、もっとA-QOAについて知りたい、活用したいと思われた方は、マニュアルを用いてA-QOAを学ぶことのできるA-QOA研修会を受講して、認定評価者となり、ソフトウェア「AqoaPro」を使えるようになっていただきたいと思います。

A-QOA研修会

　A-QOAを正確に評定してもらうには、活動の質評価法マニュアルを用いてトレーニングを行ってもらう必要があると考えています。現在、そのためのA-QOA研修会を2日間の日程で行っています（事前の申し込みが必要です）。

　研修の内容はA-QOAの概念や使い方、特徴といった本書でも紹介してきた内容から始まり、A-QOAの採点方法について観察項目ごとに細かい説明を行います。その後、事例として認知症のある人が様々な活動に関わっている動画を観て、A-QOAの採点をしていきます。実際の採点と講師のフィードバックにより、採点項目の概念を明確に理解し、できるだけ正確に評価ができるように練習を積める内容になっています。

　研修会を通して正確にA-QOAで評定できることが確認されれば、認定評価者として認定され、A-QOAのデータを定量化できるソフトウェア「AqoaPro」が使用できるライセンスコードが発行されます。

A-QOA研修会の様子

AqoaPro

　AqoaProは、A-QOAのデータを分析するための本評価用に独自開発されたPCのアプリケーションです。AqoaProを用いることで、観察から得られた評価結果をprobit（プロビット）値という連続変数に変換することができます。この値を用いることで以下の効果が得られます。

①probit値により、2つの活動の違いの差がどの程度か、支援方法の違いによって活動にどの程度違いが生じたか、などを定量的に分析することが可能になります。結果として、根拠のある活動や支援方法の効果検討に用いることができ、エビデンスに基づいた支援を可能にし、支援の質の向上が得られます。

②probit値は平均を2.5、標準偏差を1.0としていて、データが正規分布するように補正されています。認知症のある方が対象であれば理論上は、99％以上の評価結果が0.00～5.00に入るように結果が得られます。つまり、それらのスコアから、観察された活動の質がどの程度良いのか、悪いのかが明確な基準をもって判断できます。以下の表にprobit値の数値的な解釈を載せています。

③AqoaProは評価者の寛厳度（評価に対する厳しさの程度）を加味した分析ツールです。A-QOAの認定評価者に認定されると、評価者それぞれから得られたデータを用いて、それぞれ個人の寛厳度を推定しAqoaProでの分析に反映させます。この理由は、A-QOAが観察評価法であり、評価者の主観や評価への厳しさや寛大さが認められる評価だからです。そのため、評価結果の妥当性や信頼性を高めるためにAqoaProを用いて寛厳度補正を行っています。

表）probit値の数値的な解釈

probit値範囲	活動の状態	活動と対象者の結びつきの強さ
～0.99	非常に悪い	極めて弱い
1.00～1.99	悪い	弱い
2.00～2.99	平均的	平均的
3.00～3.99	良い	強い
4.00～	非常に良い	極めて強い

https://www.a-qoa.com/aqoapro

AqoaPro操作画面

地域で拡げる、A-QOAを活用した豊かな活動の輪

　私は行政に所属する作業療法士です。今、地域では、認知症のある人とご家族を支える「場」がたくさん創られていて、そこでは体操やレクリエーションなど、様々な活動が提供されています。その場の1つである"認知症カフェ"で、A-QOAの視点を使って「活動の質」を評価してみました。今、取り組んでいる活動が、認知症のある人にとって効果があるのか、またどうやったらより良くなるのかを「見える化」することで、みんなでもっと豊かな活動の場を創りたい！と考えたからです。

　Aさんは認知症に加えて失語症があり、言葉でのコミュニケーションが難しい方です。活動には穏やかに参加してくださるものの、その時間がAさんにとって良いものになっているのだろうかと、スタッフは悩んでいました。

　A-QOAの視点を通して活動中のAさんの様子を観察してみると、これまで見逃していたAさんの「活動への取り組み方」が見えてきました。「どのような活動だと、良い反応や行動が見られるか」が整理されるのです。Aさんは将棋をしている時に、「活動を継続する」「活動に関わる知識や技術を示す」「他者を思いやる」といった反応がより多く見られていました。A-QOAの魅力は、同じ活動においても、周囲の関わり方やセッティングなどの「環境」を変えた時、あるいは活動の「回数」を重ねた時に、その人の反応がどのように変化するかが評価できることです。Aさんの場合は、スタッフの子どもと対局した時に、よりよい反応が引き出されるということがわかりました。

　「将棋はAさんにとって良い活動になっているんだね」「子どもが好きなのかもしれないね」「今度子どもたちに教えてもらう役割をしてもらったらどうだろう」と、A-QOAで見つけた情報を元に、スタッフのディスカッションが始まりました。カフェでの活動を、Aさんにとって、認知症のある人にとって、そのもてる力を発揮して参加できる「価値ある活動」にするために。

（河合晶子・三重県医療保険部長寿介護課）

Part 3

活動の質を高める
20の支援ポイント

活動の質を高める20の支援ポイント

　私たちは認知症のある人一人ひとりに良い時間を過ごしていただきたいと思っていても、どうすれば活動の質を高めることができるのか、意味のある活動をもってもらえているのか、わからずに苦慮しているのが現状です。この章では、一人ひとりにとっての活動の質を高めるためにはどうすればいいのかを3つの段階、5つの項目に分けて紹介します。1つ目は活動を選択するためのポイント、2つ目は選択した活動の質を高めるポイント、3つ目は活動後のポイントです。

活動を選択するための4つのポイント	
1：活動を選択するための4つのポイント	
1-1	興味・関心のある活動を選択する
1-2	心が動く活動を選択する
1-3	身体・認知機能に合った活動を選択する
1-4	能力に合わせて調整できる活動を選択する
選択した活動の質を高める13のポイント	
2：活動時の環境調整の4つのポイント	
2-1	快適な環境にする
2-2	集中できる環境にする
2-3	活動しやすい姿勢になるように設定する
2-4	メンバー構成を考える
3：活動を始める時の5つのポイント	
3-1	無理強いをしない
3-2	機能や関心に合わせた活動の準備を行う
3-3	活動の見通しを伝える
3-4	主体的に活動内容や方法を選択できるようにする
3-5	活動を行う手がかりを提供する
4：活動中の4つのポイント	
4-1	心が動く交流が促進されるように関わる
4-2	失敗しないような手がかりを提供する
4-3	認められるような機会をつくる
4-4	一人ひとりに目を配り、適時、個別に関わる
活動後の3つのポイント	
5：活動後の3つのポイント	
5-1	称賛される機会をつくる
5-2	発見したことを他のスタッフや家族に伝える
5-3	生活の中にQOA（活動の質）の高い活動（方法）を組み込む

活動を選択するためのポイントは４つあります。「１：活動を選択するための４つのポイント」として説明します。活動の質を高めるポイントは13あります。「２：活動時の環境調整の４つのポイント」「３：活動を始める時の５つのポイント」「４：活動中の４つのポイント」に分けて説明します。活動後のポイントは３つあります。「５：活動後の３つのポイント」として説明します。

まずは、本人にとって"よさそうな"活動を選択することが必要です。"よさそうな"活動というのは、"意味のある"活動ともいえます。反対に、"意味のない"活動というのは、本人が心地よさを感じられず、その活動を行うことで得られるものが何もない活動です。本人が興味・関心のある活動（やりたいな、やってもいいかなと思える活動）であり、かつ、身体的にも認知的にも難しすぎない活動を選択することが大切です。本人の心身機能に合っていないと、うまく活動を行えず、活動を楽しむことができないからです。そのため、ここで紹介するポイントを関わりの初めから意識しながら、本人のことを理解していくことが大切です。一人ひとりの本人らしさを発見し、チームで共有するために、128ページに掲載している「私らしさ発見・共有シート」を活用してください。

次に、選択した活動の質を高める工夫が必要です。活動を行いやすいように物理的・人的環境を調整し、無理強いをせず、本人が安心して活動に向かえるような、心と体が動くような準備・声かけをします。活動中は、一人ひとりに目を配り、失敗を未然に防ぐような支援をさりげなく行ったり、本人へのポジティブフィードバックを行ったり、メンバー間での良い交流が促進されるように関わるなど、本人の自己肯定感、自己効力感、快感情が高められるような関わりを行います。

活動後は、作品を見栄え良く展示するなどの工夫を行い、本人が称賛される機会をつくることも大切です。作品の扱いは、その人の扱いでもあるからです。また、うまくいったと思われる関わり方を他のスタッフや家族に伝えることは、質の高い活動の機会を増やすことに結びつき、さらに本人が活動の質が高い時間を長く過ごすことにつながります。他のスタッフや家族と協業して、生活の中に、活動の質の高い活動やその方法を組み込んでいくことで、生活が豊かになっていきます。

次ページから、20の支援ポイントについて、ポイントごとに支援のコツと、A-QOAとの関連について説明します。A-QOAとの関連については、１つのポイントが、多くのA-QOAの項目と関連し、変化をもたらしますが、特に関係すると思われるものをピックアップしました。A-QOAの点数が低い項目について、特にどのポイントを考慮して関わればいいのかを考える参考にしてください。

🔵 120・121ページにポイント対応表を掲載しています

1-1 興味・関心のある活動を選択する

　私たちは好きなこと、得意なことを行うことで、楽しい気持ちを感じたり、自己肯定感が高まったりします。認知症があると、自分から主体的に好きなことを行うことが難しくなることがあるため、支援者が選択し、提供することで、好きなことを行う楽しく充実した時間をもつことができます。

確認すべきポイント	☑ 好きな活動ですか？
	☑ 得意な活動ですか？
	☑ 慣れた活動ですか？
	☑ 興味・関心のある活動ですか？

- 将棋クラブに通っていたので、将棋を選択する。（図）
- 歌うことが好きなので、カラオケを選択する。
- 編み物が趣味だったので、編み物を選択する。
- 元専業主婦で料理に慣れているので、料理を選択する。

- 塗り絵に興味がないのに、今月のカレンダーに色を塗るように強制される。（図）
- 料理の経験がなく興味もないのに、料理グループの活動に参加するように促される。
- 音楽を聴くのは好きだが、人前で歌うのは好きではないのに、カラオケで歌うように促される。

支援のコツ

- 職歴や趣味などを通して好きな活動、慣れた活動を把握しましょう。
- 経験のある活動でも、現在の心身機能で失敗なく行えそうかイメージしましょう。
- 特に重度の方には、手続き記憶が引き出されるよう、慣れた動作、習慣的な動作の含まれる活動を選択しましょう。
- 長年やってきたからこそ、うまくできないと失敗体験になり自信をなくすので、横で見守りながら成功体験になるようにサポートしましょう。
- 場合によっては、まったく経験のない活動のほうが興味をもつことがあるので、ご本人の性格や心身機能から考えましょう。

⑥ A-QOAとの関連

「興味・関心のある活動を選択する」と、以下のような変化が見られることがあります。

例：編み物が趣味だった高齢者施設に入所中の女性に、編み物をすることを提案し、セラピストと一緒に行う。

活動の様子	A-QOAの項目
棒針と毛糸を目にすると、自ら行動し始める。	❶ 活動を開始する
慣れた手つきで編み物をし、「これはメリヤス編みっていうの」など、活動に関係した知識を伝えたり、セラピストが目を落として困っていると、「貸してごらん」と言って手伝い、教える。	❻ 活動に関わる知識や技術を示す ⓰ 活動に関係した知識・技術を教える ⓴ 発語の流暢さがある
笑顔で「久しぶりに編み物ができて嬉しかったわ。お部屋に持って帰って続きをしようかしら」と意欲を示す。	❾ 活動の結果として満足感を得る ⓫ 次の活動への意欲を示す ⓬ 笑顔が見られる

1-2 心が動く活動を選択する

　季節を感じられる行事や祝いごとに参加することで、昔の温かい思い出を回想し、心が動きます。また自分自身が誰かの役に立っていると感じられることは喜びです。嬉しくなったり、ワクワクしたり、昔を懐かしく思い出したり…心が動く、それ自体、とても素晴らしいことです。心が動くことで身体も動くので、そのきっかけを支援者が提供することが大切です。

確認すべき**ポイント**	
☑	季節感のある活動ですか？
☑	昔を懐かしみ、楽しめる活動ですか？
☑	貢献感のもてる活動ですか？
☑	行う「意味」を感じられる活動ですか？

●園芸が好きな人に、観葉植物への水やり当番を依頼する。（図）
●桃の節句にちらしずしを作って食べる。
●施設でのその日の食事メニューをホワイトボードに書く役割を依頼する。
●スタッフと一緒にタオルをたたむのを談笑しながら行う。

●一人で孤独に、たくさんのタオルをたたまされている。（図）
●仏教徒なのに、サンタクロースの帽子を被らされて、讃美歌を歌うクリスマス会に、本人の意思を確認されずに渋々参加させられている。

支援のコツ

- 本人が生まれ育った地域の季節行事や文化を把握し、本人にそれらを行う習慣があったかどうかを把握しましょう。
- 季節行事は子どもっぽくならないように配慮しましょう。高齢者が本当に楽しめるものか、高齢者を尊重している内容になっているかを検討しましょう。
- 客観的に本人の様子を観察しサポートしつつも、支援者も一緒に活動を楽しみましょう。楽しい気持ちは共鳴し合います。
- 本人が何を行うことで貢献感をもてるかを探りましょう。施設のタオルをたたむなど、"仕事"のような活動は、はじめは「やってあげたい、やりたい」という気持ちが、「自分だけやらされている」に変化することがあり、また日によってモチベーションにも差があるので、その日の気持ちを確認し、表情などから本当の気持ちを理解しましょう。
- "仕事"のような活動をしてもらう時には、必ず感謝の気持ちを伝えましょう。
- 重度になり、自ら何かを行うことが難しい場合は、見て楽しんだり、聞いて楽しめるような、五感に働きかける活動を提供しましょう。

⑥ A-QOAとの関連

「心が動く活動を選択する」と、以下のような変化が見られることがあります。

例：高齢者施設で桃の節句にちらしずしを数名の入所者と介護者で作り、同じフロアの入所者に振る舞う。

活動の様子	A-QOAの項目
「小さい頃、お母さんと一緒に作ったのを思い出すわ」「お雛様はお父さんと一緒に飾ったわ」など笑顔で昔のことを話しながら、他者と一緒に料理をする。	⑭ 活動を通して交流する ⑲ 活動から喚起される感情を他者と共有する ⑳ 発語の流暢さがある ㉑ 回想する
味見をして「おいしくできたわね」と喜び合い、入所者やスタッフからも「おいしい」と言ってもらって、「喜んでもらえて嬉しいわ」と満足そうな笑みを浮かべる。	⑨ 活動の結果として満足感を得る ⑩ 有能感を得る ⑫ 笑顔が見られる

1-3 身体・認知機能に合った活動を選択する

私たちは、自分の能力より難しいことを行う時には苦痛を感じたり、不安を感じたり、無力さを感じたりします。認知症があると、断ることもできず無理して活動を行ってしまい、楽しむことができず、失敗体験になることもあります。本人の身体・認知機能を理解し、ちょうどよいか、やさしめの活動を選択することが必要です。

確認すべきポイント

☑ 視力はどうですか？　本人が見える文字の大きさですか？

☑ 聴力はどうですか？　本人が聞こえる声や音楽の大きさですか？

☑ 体の動きはどうですか？

☑ その活動は負荷が高くないですか？

● 両肩は痛いが、手指に痛みはなく巧緻性も保たれているのでちぎり絵を選択する。（図）

● 難聴なので、セラピストや他の人の様子を見ながら模倣できる手工芸を選択する。

● 視力が低下しているが、聴力は保たれているので音楽鑑賞会に参加する。

● 眼鏡をかけても視力が0.1レベルなのに、文字の小さいカルタに参加する。（図）

● 耳元で大きな声で話さないと聞こえない程度の難聴なのに、音楽の集団活動に参加する。

● 両肩が痛いのに、風船バレーに参加する。

支援のコツ

- 身体機能（全身状態、痛み、可動域、筋力、視力、聴力など）を把握しましょう。
- 認知機能について、日常生活の様子などから記憶力、遂行機能、コミュニケーション能力について推測しましょう。
- この活動で負担がないか、快適に参加できるかをイメージしましょう。
- 痛みや負担がないかを本人に確認しましょう。
- 本人の身体機能に活動を適応させましょう。
- 適応させても楽しめそうになければ、他の活動を考えましょう。
- 座位をとることが難しい場合は、自室のベッド上で行える活動（一緒に歌う、アルバムを見るなど）を考えたり、ベッドのまま音楽鑑賞会などの集団活動を行っている場所に移動することも考えてみましょう。

A-QOAとの関連

「身体・認知機能に合った活動を選択する」と、以下のような変化が見られることがあります。

例：両肩に痛みがあり、関節可動域に制限もあるが、手指の巧緻性は保たれているので、病院に入院中の男性にちぎり絵をすることを提案し、セラピストと一緒に行う。

活動の様子	A-QOAの項目
「これなら肩が痛くならなさそうなので、私にもできそうだね」と言い、自ら本をめくり、図案を探し始める。	❶ 活動を開始する
自分のペースで、黙々と和紙をちぎり、台紙に貼っている。	❹ 活動を継続する ❺ 活動に集中する
「ハサミを使わずに手でちぎったほうが味が出るね」「細かいところはピンセットを使って貼ったほうがいいね」と工夫しながら取り組む。	❽ 活動が円滑に進むように工夫する

1-4 能力に合わせて調整できる活動を選択する

　できると思って始めても、うまくいかない時に、その人の能力に合わせて作業工程や方法を簡単にできると失敗体験にならずにすみます。またやさしすぎる場合にも、難易度の調整ができると、ほどよい挑戦感をもって、楽しく取り組むことができます。活動を楽しむことができるように、能力に合わせて方法や工程を調整できるとよいでしょう。

確認すべき
ポイント

- ☑ 疲れた時などに、別の日に続きができるように途中で置いておける活動ですか？
- ☑ やり方を変えて、難易度を調整できる活動ですか？
- ☑ 材料の選択肢（大きさ、素材など）は複数ありますか？

- ●集団で行う場合、状況を見ながら活動内容や工程を役割分担しやすい園芸や料理を選択する。（図）
- ●疲れやすいので、少しずつ進めることのできる貼り絵を選択する。
- ●歌の会で、曲や歌詞がわからなくても参加して楽しめるよう、鈴やマラカスを担当してもらう。

- ●疲れやすいのに、時間のかかる手の込んだ料理を一人で行う。（図）
- ●言語的コミュニケーションが難しいのに、回想法に参加する。
- ●「認知機能維持」という目的で、1000ピースのパズルを行うことを強制する。

支援のコツ

- 身体機能（全身状態、痛み、可動域、筋力、視力、聴力など）を把握しましょう。
- 認知機能について、日常生活の様子などから記憶力、遂行機能、コミュニケーション能力について推測しましょう。
- 疲れやすい場合、飽きやすい場合は、中断しやすい活動を選択しましょう。
- 難易度の調整ができる材料や見本を複数準備しましょう。
- やさしい内容から始めて、本人の様子に合わせて難易度を調整しましょう。

A-QOAとの関連

「能力に合わせて調整できる活動を選択する」と、以下のような変化が見られることがあります。

例：デイケアの活動として、夏野菜をプランターで育てる。一人ひとりの能力に合わせてセラピストが役割分担をする。

活動の様子	A-QOAの項目
プランターに土を入れたり、苗を植えたり、水やりをしたりと、自分の能力にちょうどよい活動を行うことで、不安になったり飽きたりすることなく、活動に取り組むことができる。	④ 活動を継続する ⑤ 活動に集中する
うまく活動ができたことで満足感を感じ、「元気に育ってくれるといいね」「収穫できたら、みんなで夏野菜のカレーを作りたいね」と嬉しそうに話す。	⑨ 活動の結果として満足感を得る ⑪ 次の活動への意欲を示す

2-1 快適な環境にする

　私たちは活動を行う場が暑すぎたり、寒すぎたり、まぶしすぎたり、うるさすぎたりすると快適に活動を行うことができません。認知機能が低下すると自分でエアコンをつけたり、カーテンを閉めるなど、自分で環境を変えることが難しくなるため、支援者が快適な環境に設えることが大切です。

確認すべき
ポイント

- ☑ 部屋の温度や明るさは適切ですか？
- ☑ BGMとなる音楽のジャンル、内容、音量は適切ですか？
- ☑ 人の出入りが少なく、落ち着ける環境ですか？
- ☑ 活動スペースは十分に確保されていますか？
- ☑ 床に転倒につながる物が放置されていませんか？

- ●小さな音量で好きな歌を流しながら、編み物を楽しむ。（図）
- ●部屋に直射日光があたらないように、レースのカーテンを使う。
- ●難聴の人が音楽グループに参加する時には、音源に近い位置に座ってもらう。

- ●真夏の猛暑日の日中に散歩する（リスク管理の上でも好ましくない）。（図）
- ●施設のトイレ前の廊下にある机でお茶を飲みながら談笑する。
- ●隣の人と手があたってしまうような近さでラジオ体操をする。

支援のコツ

- 延長コードや小さな敷物など、転倒につながる物は片づけましょう。
- 快適に活動が行えるように十分なスペースを確保しましょう。
- 快適な温度になるようにエアコンで調節しましょう。
- 屋外での活動の場合は、冬は防寒対策を、夏は暑い時間帯の外出は避けるなどの配慮をしましょう。
- BGMや部屋の香りを心地よいものにしましょう。
- 慣れた、安心できる場所で活動を行いましょう。
- 場への参加が不安な人、頻尿の人は、出入り口の近くに配席し、気兼ねなく中座できるようにしましょう。
- 支援者の態度も重要な"環境"であるという認識をもち、本人を尊重した、本人が心地よいと感じる言動をとりましょう。

A-QOAとの関連

「快適な環境にする」と、以下のような変化が見られることがあります。

例：高齢者施設のデイルームでの音楽コンサートで、難聴で頻尿の車いすの人に、演奏者に近い、最前列の端に座ってもらう。

活動の様子	A-QOAの項目
演奏が聞こえやすく、かつ、いつでも気兼ねなく中座しやすい席であることを伝えて誘うと、「行ってみようかしら。連れて行ってくれる？」と言う。	❸ 活動の対象に体を位置づける
演奏中は「トイレに行きたい」と言うことなく、メロディーに合わせて体を揺らしたり、手拍子したりしながら、演奏会に入り込んでいる。	❹ 活動を継続する ❺ 活動に集中する
演奏会が終わり「今日は素敵な演奏が聴けて嬉しかったわ」と満足そうな笑顔を見せる。	❾ 活動の結果として満足感を得る ⓬ 笑顔が見られる

2-2 集中できる環境にする

　テレビやラジオの音が大きかったり、他の人の話し声が気になると、活動に集中することができません。机の上に余計な物が置かれていると、そこに注意が向き、気が散ってしまいます。集中して気持ちよく活動を行えるように、支援者が部屋や机の環境を整えましょう。

**確認すべき
ポイント**

- ☑ 意図的なBGMは別として、テレビやラジオは消えていますか？
- ☑ 机の上はすっきりと片づいていますか？
- ☑ 人の出入りの少ない部屋ですか？
- ☑ 老眼鏡、補聴器が必要な場合は、準備していますか？

● 必要最低限の物だけが置かれたすっきりとした無地の机で絵手紙をかく。（図）
● テレビや掲示物などがない整えられた小部屋でお茶を点てる会を行う。

● 新聞、雑誌、テレビのリモコン、コップ、色鉛筆、ハサミなどが雑に置かれた、片づけられていない机で書道を行っている。（図）
● 赤と白のチェックのテーブルクロスの上で塗り絵をする。
● 大音量のテレビがついたデイルームで回想法を行う。

支援のコツ

- 活動に集中できるように、テレビやラジオは消しましょう。場合によっては良かれと思って流しているBGMが集中を妨げる場合がありますので、本人に確認したり、本人の様子を見て消しましょう。
- 集中を要する活動を行う場合は、デイルームなどではなく、人の出入りの少ない部屋で行うようにしましょう。
- 机の上には、使用する材料や道具のみを置くようにしましょう。材料も工程ごとに出したほうが良い場合もあります。
- テーブルクロスの柄や、食事であれば皿の柄が気になることがありますので、できれば無地の物にしましょう。
- 視力、聴力が発揮できるように、老眼鏡や補聴器を準備しましょう。眼鏡が汚れていたら拭きましょう。

A-QOAとの関連

「集中できる環境にする」と、以下のような変化が見られることがあります。

例：作業療法室の人が少ない時間帯に、すっきりと片づいた無地の机で絵手紙をかく。

活動の様子	A-QOAの項目
他のことに気がそれることなく、絵手紙のデザイン集をめくり、かくものを考え始める。	❶ 活動を開始する
真剣な表情で集中して、黙々と絵を描くことに没頭している。	❹ 活動を継続する ❺ 活動に集中する
1枚の絵手紙を仕上げ、「できた！」と満足そうな表情を浮かべる。	❾ 活動の結果として満足感を得る ⓬ 笑顔が見られる

2-3 活動しやすい姿勢になるように設定する

　車いすが身体に合っていないと苦痛が生じます。机上で活動を行う場合、机、椅子の高さが合っていないと快適に活動をすることができません。身体と机の距離が近すぎたり遠すぎてもうまく手を使うことができません。

確認すべきポイント

- ☑ 車いすや椅子は身体に合っていますか？
- ☑ 机の高さ、身体と机との距離は適切ですか？
- ☑ その活動を行うのに適した姿勢ですか？
- ☑ ベッドを背上げする場合、股・膝関節を軽く曲げていますか？

- 車いす利用者でも水やりをしやすいように、プランターを棚の上に設置する。（図）
- 車いすの背もたれにクッションを挟み、前傾しやすい姿勢で食事する。
- 座位保持が難しい人が、本人に合ったティルト・リクライニング車いすで、音楽鑑賞会に参加する。

- 車いすで仙骨座り（おしりが前にずれた状態）で食事する。（図）
- 高すぎる机で野菜を切る。
- ソファに深く腰かけた状態でラジオ体操をする。
- 立位バランスが不安定で、転倒リスクがあるのに、立位で風船バレーに参加する。

支援のコツ

- 車いす利用者の場合、本人の身体に合わせて車いすやクッションのサイズなどを調整しましょう。
- 本人の身体に合った机、椅子を使いましょう。
- 疲れやすい人、座位保持が難しい人は、ティルト・リクライニング車いすでイベントに参加することを検討しましょう。
- 車いす利用者が園芸活動を行う場合は、プランターを棚の上に設置するなどし、水やりや草抜きをしやすいようにしましょう。
- 転倒リスクを考え、風船バレーなどダイナミックな動きを伴う活動を行う時には座位で行うようにしましょう。
- ベッドを背上げして活動を行う場合は、おしりを適切な位置にポジショニングし、背抜き（背中を一時的にベッドから離す）をし、股・膝関節が軽く曲がるように足上げをして、身体がずれないようにしましょう。
- トイレや浴室には必要に応じて手すりを設置しましょう。

⑩ A-QOAとの関連

「活動しやすい姿勢になるように設定する」と、以下のような変化が見られることがあります。

例：デイケアのプランターを棚の上に置き、車いす利用者も水やりがしやすいように設定する。

活動の様子	A-QOAの項目
かがまなくても水やりができるので、「今日はわしがしようか」と自らじょうろを取りに行き、水やりを始める。	❶ 活動を開始する ❷ 活動の対象に視線を向ける ❸ 活動の対象に体を位置づける
デイケアの庭にあるすべてのプランターに、熱心に水やりを行う。	❹ 活動を継続する ❺ 活動に集中する

2-4 メンバー構成を考える

　安心できる人がいると、落ちついて、楽しく活動を行うことができます。馴染みがあるかどうかや年代、性別、性格などを考慮し、一緒に活動を行うメンバーについて考えます。また、支援者がきちんとフォローできるメンバー数にすることで、きめ細やかな支援を行うことができ、本人の活動の質の向上につながります。

**確認すべき
ポイント**

- ☑ その活動を行うのに、支援者が丁寧にフォローできるメンバー数ですか？
- ☑ 認知機能や性格を考慮し、メンバーや配席を考えましたか？
- ☑ 集団活動で、不安や困惑が予想されそうな人には、どのスタッフが重点的に関わるか話し合えていますか？

- ●集団での歌の会で、難聴の人の横にスタッフが座り、歌詞カードでどこを歌っているか指さしながら一緒に歌う。（図）
- ●いつもデイルームで談笑している気の合う人たちで、料理活動をする。

- ●気の弱い人の隣に、あまり他者の気持ちに配慮しないおせっかいな人がいて、「あんたへたくそやね。私がやってあげるわ！」と、塗り絵を奪われてしまう。（図）
- ●大人数でラジオ体操をし、どうしていいかわからず動きが止まっている人がいても、支援者が気づかない。

支援のコツ

- 普段の生活における人間関係を観察し、把握しましょう。
- メンバーの性別、年代、性格、認知機能を把握しましょう。
- 支援者が丁寧にフォローできるメンバー数で活動を行いましょう。
- 一人ひとりが活動を気持ちよく行え、良い相互作用が生まれ、活動が円滑に進むような配席を考えましょう。
- 予想されるトラブルに備え、対応方法を考えておきましょう。
- どのスタッフが誰をフォローするか、事前に話し合い、準備しながらも、困っている人がいないかグループ全体も見渡しながら臨機応変に対応しましょう。

A-QOAとの関連

「メンバー構成を考える」と、以下のような変化が見られることがあります。

例：いつも施設のデイルームで談笑している気の合う人たちで、カレーライスを作り、一緒に食べる。

活動の様子	A-QOAの項目
「私、お米洗うわ」「私は玉ねぎの皮をむくわ」「切ってくれてありがとう」「玉ねぎを切ると涙が出るね」「夫はカレーが好きだったのよ。豚肉のカレー」などと話しながら、お互いを思いやりながら活動を進める。	⑭ 活動を通して交流する ⑮ 一緒に協調して活動する ⑱ 他者を思いやる ⑳ 発語の流暢さがある ㉑ 回想する
「今日はおいしいのができたし、楽しかったわ」「本当においしかったわね」と満足そうな笑みを浮かべる。	⑨ 活動の結果として満足感を得る ⑫ 笑顔が見られる ⑲ 活動から喚起される感情を他者と共有する

3-1　無理強いをしない

　体調がすぐれない、気持ちが乗らない、気になることがある時など、活動へのやる気が起きないことがあります。本人を活動に誘う時に、誘い方や時間を変えても気持ちよく参加してもらえないような場合は、その日は無理強いをせず、本人の思いを尊重することが大切です。活動の方法、進め方についても、大きなリスクがないかぎり、本人のスタイルを尊重しましょう。

**確認すべき
ポイント**

- ☑　体調は大丈夫ですか？
- ☑　表情はどうですか？
- ☑　気持ちが乗らない理由は何でしょうか？
- ☑　無理強いをしていませんか？
- ☑　支援者の都合や方法を押しつけていませんか？

- ●無理強いをせずに、気持ちを受け止め、話をしながら気持ちが乗らない理由を探る。（図）
- ●予定していた作業療法の時間が入浴後で疲れていたため、時間を変えて作業療法を行う。
- ●花の塗り絵をしていて、葉っぱを青で塗っていても見守る。

- ●「今日はしんどいからやめておく」と言っているのに「リハビリは毎日しないと意味がありません。行きましょう」と車いすを押してリハビリ室に行く。（図）
- ●「このやり方よりこうしたほうがいいですよ」と押しつける。

支援のコツ

- 活動に気乗りしない理由を考えましょう。
- 何のためにその活動を行うのか、何が本人にとって本当に「良いこと」なのかを考えましょう。自分自身の価値観だけで考えるのではなく、同僚や先輩、他職種とも対話してみましょう。
- 本人の価値観を尊重しましょう。専門職から見て不適切な方法であっても、リスクや失敗体験につながらないと判断できた場合は見守りましょう。
- 無理強いをして行うと、「自分の思いが尊重されていない」と感じ、信頼関係が崩れる場合があるので、「やりたくない」という思いを受け止め、寄り添いましょう。
- どのような場合（活動、誘う人、誘い方、時間など）に気持ちよく参加しているのか、参加を拒んでいるのかをチームで考えましょう。

◠ A-QOAとの関連

「無理強いをしない」と、以下のような変化が見られることがあります。

例：「今日はリハビリ室に行くのをやめておく」と言う入院患者さんとベッドサイドで話す。理由を尋ねると入浴後で疲れているとのこと。セラピストは疲れている気持ちを受け止め、「明日のリハビリは朝一番か、入浴前の14時頃にどうですか？」と提案する。

活動の様子	A-QOAの項目
「朝一番だったら身体もすっきりしているかな。その時間に来てくれる？　明日は行こうと思う」と笑顔で話す。	❼ 活動中に内容を選択する／好みを示す ⓫ 次の活動への意欲を示す ⓬ 笑顔が見られる ⓱ 他者に意思を伝える
患者さん「家にいた時は、お風呂の後のビールがおいしかったなぁ…」 **セラピスト**「今は飲めなくて残念ですよね。お風呂に入ると疲れますし、のどが乾きますよね…早く元気になって退院して、お風呂上がりの一杯を楽しみたいですよね」	⓳ 活動から喚起される感情を他者と共有する

3-2 機能や関心に合わせた活動の準備を行う

　興味・関心、身体・認知機能に合わせた活動の選択を行うだけでなく、見本となる物や手本も、本人に合わせた物を準備します。歌の会であれば、馴染みのある曲、好きな曲、見やすい字のフォントや大きさの歌詞カードを準備することで、活動に前向きに参加できます。

**確認すべき
ポイント**

- ☑ 身体機能・認知機能に合わせた見本を準備しましたか？
- ☑ 関心のありそうな、やってみたいと思えそうな見本ですか？
- ☑ 使いやすい道具や材料ですか？
- ☑ 自助具など特別な物が必要な場合の準備はしましたか？

- ●孫が拾ってきた松ぼっくりに色を塗って、クリスマスオーナメントを作る。（図）
- ●長年使っていた棒針を使って編み物をする。
- ●書道を行う時に、「正月」「つくし」「菖蒲」「七夕」など、季節感があり、難易度が様々な手本を準備する。

- ●力が弱いのに短かくなった使いにくい色鉛筆で色を塗る。（図）
- ●細かい字が書きづらいのに、般若心経の写経を行う。
- ●歌の会で、馴染みのない最新の曲ばかりを歌い、スタッフだけが盛り上がっている。

支援のコツ

- その人が使いやすい道具や材料を準備しましょう。色鉛筆を削っておく、毛筆の先を整える、包丁を研いでおくなど、使いやすい状態にメンテナンスしておきましょう。
- 身体的リスクを考えて、刃物や火器の扱いに注意しましょう。また異食のある人が口にしないように、ビーズなどの小さな物に注意しましょう。
- 精神的リスクを考えて、クイズなどを行う時は、本人の認知機能や馴染みに合わせた話題にしましょう。
- 家族やケアマネジャーなど、本人のことをよく知る人に、本人が普段よく使っている物、使い慣れている物について確認しましょう。
- 施設入所者の場合、使い慣れた道具や好きな音楽のCDを家族に持って来てもらうとよいでしょう。
- その人の機能や興味に対応できるように、幅広く、あらゆる難易度、興味に対応できるような見本や音楽、歌詞カードを準備しておきましょう。

⑥ A-QOAとの関連

「機能や関心に合わせた活動の準備を行う」と、以下のような変化が見られることがあります。

例：家族に、長年使っていた棒針を施設に持って来てもらい、セラピストと編み物をする。

活動の様子	A-QOAの項目
「懐かしいわ。これで子どもや孫のセーターやマフラーをよく編んだわ」と棒針に手を伸ばす。「娘の友達にも編んでほしいって言われて、編んであげたこともあったわ」と笑顔で話す。	❶ 活動を開始する ⓬ 笑顔が見られる ⓴ 発語の流暢さがある ㉑ 回想する
使い慣れた愛着のある道具なので、自然に身体が動く手続き記憶が引き出される。セラピストが困っていると「貸してごらん」と言って教える。	❻ 活動に関わる知識や技術を示す ⓰ 活動に関係した知識・技術を教える

3-3 活動の見通しを伝える

　認知症のある人は、これから何をするのか物事のなりゆきを理解したり、活動に対して自分がどうすればよいのかを予測することが難しい場面があります。活動の見通しを伝えると、役割が明確になり、安心して取り組むことができます。

確認すべき
ポイント

☑ これから行う活動について、どの程度本人は理解していますか？

☑ 本人がどのように何に取り組むのかを伝えましたか？

☑ 活動の結果得られる成果が伝わっていますか？　製作活動であれば、完成した作品など目指す形が提示されていますか？

☑ 活動がいつ始まり、いつ終わるのかを明確に伝えていますか？

● 雑巾を縫う時、完成した雑巾を見せながら取り組む内容を説明し、手順を書いた説明用紙を見本と一緒に見えるところに置いている。（図）

● 体操を始める時、「１時から１時半まで、みんなで一緒に体操をしましょう！」と活動の内容について伝える。

● 何も説明をせず、ただ活動している場所に参加させている。（図）

● 記憶力の低下があり、今、何をしているのか自分自身で振り返ることが難しいのに、口頭のみの説明で本人へ伝えたことにしている。

支援のコツ

- どの程度の長さの言葉を理解して保持できるかを把握しましょう。
- また、それらを補うのに有効な代わりの方法（メモを残すなど）を考えましょう。
- 見本を見せるなど完成したイメージをもつことができるよう、視覚的に見通しを伝えましょう。
- 本人に合わせて、５Ｗ１Ｈ（「When：いつ」「Where：どこで」「Who：だれが」「What：何を」「Why：なぜ」「How：どのように」）のような情報を、短く明確に、本人が安心できるように伝えましょう。
- 逆に、見通しを伝えすぎると本人の混乱を招くことがあるため、情報量には注意しましょう。

⌁ A-QOAとの関連

「活動の見通しを伝える」と、以下のような変化が見られることがあります。

例：軽度の認知症のある人が、４人の小集団で、ホットケーキ作りをしている。手順の説明を受け、よく見えるところにレシピを貼った。本人の希望で、隣の人と一緒にホットケーキの生地作りを担当することになった。

活動の様子	A-QOAの項目
ボウルや泡立て器、ホットケーキミックスや卵など、生地作りに必要な物品や材料を作業台に集め、活動の準備を始める。	❶ 活動を開始する
集中が途切れることなく、取り組むことができる。	❹ 活動を継続する
「先に生地を入れたほうがいいね」「この混ぜ方が良さそう」など、完成に向けて試行錯誤する。	❽ 活動が円滑に進むように工夫する
本人がボウルを支え、隣の人が生地を泡立て器で混ぜ、協力して生地作りに取り組んでいる。生地を混ぜる隣の人に、「手は疲れてない？」と気遣って声をかけている。	⑮ 一緒に協調して活動する ⑱ 他者を思いやる

3-4 主体的に活動内容や方法を選択できるようにする

　人は誰でも、心の中に様々な思いや考えをもっています。認知症のある人も同じです。支援者が本人の意思に沿った活動内容や方法を選択できる工夫をすることで、活動に対する取り組み方が前向きに変化します。

確認すべき
ポイント

- ☑ 何をどのように行いたいと思っているか、本人に意思を確認していますか？
- ☑ 活動や材料の種類など、選択肢を準備していますか？
- ☑ 本人の意思に関係なく、活動を行っていませんか？

○

×

なんだこの絵は？！

- ●散歩に行く時に、どのコースを散歩したいかを尋ね、本人が選択できるような声かけをする。（図）
- ●お茶会の時に、飲み物（コーヒー、紅茶、お抹茶など）やお菓子（チョコレート、カステラ、饅頭など）を複数準備し、本人の希望に沿った提供をする。

- ●本人の希望を確認せず、塗り絵を机に出している。（図）
- ●重度の認知症があるからといって、本人の意思を確認せず活動させている。
- ●やりたい活動があっても、「ここではできない」とはじめから断る。

支援のコツ

- まずは本人の思いを尋ね、活動内容や必要な材料を一緒に相談しましょう。
- 活動中は自分の好みが表現できるよう、選択肢を複数提示しましょう。選択肢が多くて混乱を招く場合は、2〜3つに絞るほうが良いこともあります。
- 本人が選択しにくい場合は、家族などの本人をよく知る人に事前に情報収集しておくと、選択肢が絞りやすいでしょう。
- 本人が本当にしたい活動が何らかの事情で行えない時は、その活動をヒントにして、関係があり、現実的に行える活動を探索してみましょう。

A-QOAとの関連

「主体的に活動内容や方法を選択できるようにする」と、以下のような変化が見られることがあります。

例：中等度の認知症のある男性が塗り絵をする時、支援者は、「どんな絵、どの絵が良いか」「色鉛筆、絵の具、クレヨンなど、何を使って色をつけるか」「どこで行うか」「誰とするか」など、本人の希望を聴取しながら進める。

活動の様子	A-QOAの項目
机にある色鉛筆とクレヨンを見て、自分で色鉛筆を選び、色を変えながら塗り絵をしている。	❼ 活動中に内容を選択する／好みを示す
使用している色鉛筆が短く塗りにくいため、長い色鉛筆に替えて塗っている。	❽ 活動が円滑に進むように工夫する
ほしい色がなく、隣の人に「紫色ある？　貸してくれる？」と意思を伝えている。	⓱ 他者に意思を伝える

3-5 活動を行う手がかりを提供する

　なかなか活動が始まらない時は、もしかすると、何かきっかけを必要としていて、周囲の働きかけを待っているのかもしれません。さりげない関わりによって活動が開始されることは、臨床現場ではよく見られます。

確認すべき
ポイント

- ☑　本人が活動を行うきっかけを必要としていませんか？
- ☑　どのようなきっかけがあると、活動が進みますか？
- ☑　その活動にはどの程度、馴染みがありますか？
- ☑　手続き記憶は利用できそうですか？

●歯磨きを開始することが難しいので、歯ブラシを持つ本人の手を支え、歯を磨く動作を一緒に行うと、本人が歯磨きを開始する（触覚的な手がかり）。（図）

●折り鶴を折るのが上手な人の横で、折り鶴を折るように勧める（視覚的な手がかり）。

●塗り絵を始めない本人を見て、興味がないと考え、放っておく。（図）

●包丁を持つきっかけがあれば野菜を切ることができるのに、活動を開始しない様子を見て「できない」と思い込み、支援者が過介助してしまう。

支援のコツ

- 活動を行うのが難しい場合、まずは様子を見守ってみましょう。次に活動の説明をして、反応を確認しましょう。そして見本を見せても活動を行うのが難しい場合には、手がかりを提供しましょう。
- 触覚、視覚、言語など、どの手がかりが有効であるか探索してみましょう。
- 馴染みのある活動の場合、手続き記憶が想起されることがあるため、身体の動きを用いた手がかりを提供してみましょう。
- 活動を行うのが難しいからといって「（本人が）できない」と思い込まないようにしましょう。最初から介助をしないことが大切です。

A-QOAとの関連

「活動を行う手がかりを提供する」と、以下のような変化が見られることがあります。

例：重度の認知症のある女性が、本人に馴染みのある歌をカラオケで歌うことになった。支援者は本人のそばで、歌い始めを一緒に歌っている。

活動の様子	A-QOAの項目
横で歌う支援者の様子を見て、本人も歌い始める。	❶ 活動を開始する
歌い始めたことで、歌詞が表示される画面に体と視線を向け、曲に合わせ目で追っている。	❷ 活動の対象に視線を向ける ❸ 活動の対象に体を位置づける
メロディーに合わせて、歌を歌っている。	❻ 活動に関わる知識や技術を示す

4-1 心が動く交流が促進されるように関わる

　人との交流は、嬉しい、楽しいなど様々な感情が揺れ動き、気持ちに豊かさをもたらします。認知症により、人との交流が苦手になっているのかもしれません。本人が、快適なコミュニケーションを図ることができるよう工夫しましょう。

**確認すべき
ポイント**

- ☑ 主体的な言動が引き出されるような関わりをしていますか？
- ☑ 話題に、個人の経験や家族のことなど、馴染みのある内容が含まれていますか？
- ☑ 他者とコミュニケーションを図る橋渡しができていますか？
- ☑ 交流が促進されるような環境を提供していますか？

- ●編み物をしながら、どんな時にどんな目的で編み物を経験してきたのかを質問することで回想を促し、発言する機会をつくる。（図）
- ●本人の代わりに、他者へ質問をする。
- ●同年代の似た境遇で人生経験を積んだ者同士で、囲碁をする。

- ●集団の活動中、輪に入れず、疎外されている。（図）
- ●活動中に、何も声かけをしない。
- ●本人が興味・関心の低そうな話題を提供している。

支援のコツ

- 生活歴などを参考に、本人の馴染みのある話題について事前に情報収集しておきましょう。
- 本人が安心できる雰囲気をつくり、発言など気持ちを表出する機会を設けましょう。
- 本人が話好きであれば聞き役になる人、本人が話をするのが苦手であれば話をするのが好きな人と一緒に活動に取り組んでみましょう。
- 必要に応じて、本人の発言の要約、また気持ちを代弁しながら、他者との意思疎通を促す支援をしましょう。

A-QOAとの関連

　「心が動く交流が促進されるように関わる」と、以下のような変化が見られることがあります。

例：重度の認知症のある女性が、レクリエーション活動で風船バレーをしている。隣には世話好きな女性が座り、支援者は本人のそばで本人の気持ちを代弁するよう声かけをしている。

活動の様子	A-QOAの項目
突然風船が飛んできて驚く様子に、「びっくりしましたね！」と本人の気持ちを代弁する声かけをすると、笑顔を見せる。	⓬ 笑顔が見られる
隣の女性に「○○さん、風船が来たよ！」と言われ、本人は真剣な表情で風船に手を伸ばし、他者と協力してゲームに参加している。	⓯ 一緒に協調して活動する
ゲームで勝利し、支援者は「勝ちましたよ！　やりましたね！」と本人に伝えた。本人は、拍手し、隣の女性と握手し、喜びを分かち合っている。	⓮ 活動を通して交流する ⓳ 活動から喚起される感情を他者と共有する

4-2 失敗しないような 手がかりを提供する

活動がうまくいくことで、自信を取り戻し、気持ちが豊かになります。さりげない手がかりで支援し、失敗を避け、自尊心を高めましょう。本人ができることまで支援者が勝手に行い過介助になると、本人のやる気を奪い、自尊心が低くなるので気をつけましょう。

確認すべき ポイント

☑ 本人が活動を進めるために、必要な説明や支援は提供できていますか？

☑ 目立たない、さりげない支援になっていますか？

☑ 反対に、提供しすぎていませんか？

● 折り紙をする時、どこまで進んだか混乱するため、一工程ごとに見本を作成しておき、見えるところに置いておく。（図）

● 「端を合わせて、半分に折りましょう」など進行に合わせて、本人のそばで、やさしく、具体的な声かけをする。

● 周囲の人とは異なる活動を一人で行っている。机にあるのは道具のみで、手本になる人も、作品の見本もない。支援者は声かけもせず、本人を放っておいている。（図）

支援のコツ

- 工程を覚えることが難しい場合、一工程ごとに説明の声かけをしましょう。
- 一度に多くの情報を伝えすぎると混乱を招くことがあるため、その時の必要な情報に絞り、伝えましょう。
- 必要な道具や材料を、手の届くところに整理して置いておきましょう。
- 手本になる人や見本になる物をそばに配置するなど、本人が自然に手がかりを見つけ活動を進めていくことができる環境を調整しましょう。
- 声かけをする時は、周囲の人にもすべてはっきり聞こえるような大きな声ではなく、本人のそばでやさしく伝え、自尊心への配慮をしましょう。

◎ A-QOAとの関連

「失敗しないような手がかりを提供する」と、以下のような変化が見られることがあります。

例：中等度の認知症のある男性が、他者と机を囲んで、桜模様の貼り絵を始めようとしている。支援者は、手が止まっている本人の前に、桜の実物をさりげなく置いた。

活動の様子	A-QOAの項目
桜の実物が見本になり、実物と色紙を真剣な表情で見比べ、貼り絵に集中し取り組んでいる。	④ 活動を継続する ⑤ 活動に集中する
実物の色合いをまねた作品がうまく仕上がり、他者から「すごいね」と褒められ、「これで春が迎えられる」と、満足そうな表情を見せ深くうなずいている。	⑨ 活動の結果として満足感を得る ⑩ 有能感を得る
「夏の絵は何にしようか」と次の活動への意欲を示し、他者と相談している。	⑪ 次の活動へ意欲を示す

4-3 認められるような機会を つくる

　人から称賛され、自分自身が役に立ち、自分らしさを感じる経験を通して、自己肯定感が高まります。このような経験の機会が増えることで、本人の心理的ニーズが満たされます。

確認すべき ポイント

☑ 活動には、本人の能力が発揮される、活躍の機会が設けられていますか？

☑ またその時、感謝する、称賛するなど、本人が「認められている」と感じるような関わりをしていますか？

☑ 活動中は、本人の意思が尊重されるよう、相談しながら進めていますか？

●園芸活動でトマトの手入れをする時、（過去の経験から）どのようにすればいいのか、本人に助言を求め、教えてもらう。（図）

●お茶を点てて、振る舞った時、お茶をいただいた人が「おいしいわー」と笑顔になり、それを見た本人も微笑み、満足そうにしている。

●おやつ作りでホットケーキを焼く時、生地をこぼしてしまい、支援者と周囲の人が小言を言い、怒っている。（図）

●新聞紙を使って、上手にゴミ箱を折ってくれたことに対し、目も合わせず無表情でお礼を言うのみの対応をする。

支援のコツ

- 活動は、常に本人と相談しながら進めましょう。そして最大限、本人の意思を尊重し、一緒に協力して取り組みましょう。
- 本人の能力に合わせて、役割を設けましょう。
- 活動中、活動後は、相手が嬉しくなる言葉や身振りで、心から感謝や称賛の意を示しましょう。仮に活動の結果が失敗であったとしても、がんばった姿勢について感謝や称賛をしましょう。言葉のみではなく、背中をさする、拍手をするなども効果的です。

⑨ A-QOAとの関連

「認められるような機会をつくる」と、以下のような変化が見られることがあります。

例：中等度の認知症のある女性が、グループホームの日課である洗濯物をたたむことに取り組んでいる。支援者は、本人の手を握り、目を合わせて、「いつもきれいにたたんでくださってありがとうございます。とても助かっています。これからもよろしくお願いします」と、本人にお礼を述べている。

活動の様子	A-QOAの項目
お礼を聞いて嬉しそうに笑顔を見せ、声高らかに「何言ってるのよ！」と恥ずかしそうに言って、支援者の肩をたたき、気持ちの高ぶりを表現する。そして、さらにテキパキと洗濯物をたたみ、手慣れた様子を見せる。	❻ 活動に関わる知識や技術を示す ⓬ 笑顔が見られる ⓭ 高揚する
隣で一緒にたたむグループホームの入居者に、洗濯物をたたむコツを得意気に教えている。	⓰ 活動に関係した知識・技術を教える
「小さな頃はお母さんと一緒に洗濯物をたたんでね、教えてもらったのよ」と昔を思い出して懐かしむなど、いつもより発語量も増える。	⓴ 発語の流暢さがある ㉑ 回想する

4-4 一人ひとりに目を配り、適時、個別に関わる

人は一人ひとり、心身機能や価値観など異なる個性があります。一人ひとりの活動の中で沸き起こる様々な感情や状況に合わせて必要な個別サポートをすることで、活動が円滑に進んだり、交流が促されたりします。

確認すべきポイント

- ☑ 一人ひとりの個性に合った働きかけをしていますか？
- ☑ タイミングを逃さず、必要に応じたサポートをしていますか？
- ☑ 活動によって起こる、本人の気持ちの変化を察知していますか？
- ☑ 活動に必要な知識や道具や材料を準備していますか？

○

× 赤い毛糸と……

- ●編み物がしたいという本人の希望に合わせて、好みの毛糸や棒針を準備し、手法を事前に学ぶ。（図）
- ●集団でラジオ体操している時、一人ひとりの表情を確認する。不安そうな表情をしている人のそばに行き、視線を合わせて声をかける。

- ●ラジオ体操をしている時、活動に入れない人がいても、関わらない。（図）
- ●個人の価値観、好みに合わせた活動の準備を、まったく試みない。

支援のコツ

- 活動中は、本人の表情の変化をよく観察しましょう。また、本人に直接、「今、どう感じましたか」「大丈夫ですか」と状態について確認しましょう。
- 支援が必要と思われる方のそばには、あらかじめ支援者がつくよう工夫してみましょう。
- 取り組む活動が決まったら、活動に必要な準備をしてから臨みましょう。支援者自身が知識のない活動を行う時は、失敗しないよう事前に情報を収集しましょう。活動の経験がある他の支援者に頼るのもよいでしょう。活動によっては、本人に教えてもらう形で実施すると良い場合もあります。

⑥ A-QOAとの関連

　「一人ひとりに目を配り、適時、個別に関わる」と、以下のような変化が見られることがあります。

例：小集団で園芸活動をしている時、軽度認知症のある男性は草抜きをしていた。難しそうに時間をかけて手で草を抜いている。その様子を見た支援者は、さりげなく本人の前に複数の草抜きの道具を見せた。

活動の様子	A-QOAの項目
「この道具を使うと簡単に草が抜けるね」と活動に必要な道具の好みを示し、手に取る。そして、土に膝をついて姿勢を変え、草抜きがスムーズに行えるよう工夫し始める。また、草抜きをしている他者へ、「この道具を使うとうまく草が抜けるよ」「僕は向こうの草を抜くから、君はここの草を抜いてね」と声をかけている。	⑦ 活動中に内容を選択する／好みを示す ⑧ 活動が円滑に進むように工夫する ⑭ 活動を通して交流する ⑮ 一緒に協調して活動する
草抜きを終えると、「ほら、こんなにきれいになった」と他者に草抜きで整地された畑の一部を披露している。	⑩ 有能感を得る

5-1 称賛される機会をつくる

　作品など活動の結果得られた成果は、本人らしさや本人の心が表れています。活動の成果を他者と共有することで、誰かに認められる機会をもつことができます。称賛されることは、満足感や有能感の向上とともに自尊心を高めます。

確認すべき　ポイント

☑ 完成した作品を、本人自身また他の人に見える場所に飾っていますか？

☑ 作品が見栄え良く完成するように、工夫していますか？

☑ 活動の結果について、本人へ「素晴らしい！」など、称賛する声かけをしていますか？

● 家族のために描いた絵を、施設内に展示し披露した。そして展示後は、家族に手渡し、喜んでもらう機会を設ける。（図）

● 隣の人の活動を手伝ってくれた本人に、「ありがとうございます、とても助かりました」と声をかける。

● 出来上がった塗り絵を、称賛の機会なく、片づけてしまう。（図）

● 本人の活動の結果を誰も認めず、褒めない。

支援のコツ

- 活動と同時に、完成した作品をどのように公表するかを考えておきましょう。
- 本人の作品の味わいが大きく変わらない範囲で、個性が最大限生かされ、見栄えが良くなるように仕上げましょう。
- 作品を額に入れる、台紙に貼るなど、作品が引き立つような工夫を試みましょう。
- 作品には、本人と同じように、敬意を払い、大切に扱いましょう。
- 作品のみではなく、本人が活動に取り組んでいる様子について、写真や文字などを添えて展示すると、作品の深みが増します。
- 家族、関わるスタッフ、同じ施設の入所者らと一緒に作品を鑑賞する機会を設け、本人がどのように活動に取り組んでいたのかを積極的に伝えましょう。

A-QOAとの関連

「称賛される機会をつくる」と、以下のような変化が見られることがあります。

例：編み物が趣味の女性が、グループホームで支援者と一緒に編み物をしている。

活動の様子	A-QOAの項目
毛糸の帽子を孫にプレゼントし、孫が喜ぶ様子を見て、「編み物をして良かった」「手が覚えているものね、私にもできたわ」と嬉しそうに語る。	❾ 活動の結果として満足感を得る ❿ 有能感を得る
「次はマフラーを作ろうかしら」と意欲を示す。	⓫ 次の活動への意欲を示す
いつもは物静かな本人が、編み物の活動後に、「編み物は母親に教えてもらったの」と隣の人と思い出話をしている。	⓴ 発語の流暢さがある ㉑ 回想する

5-2 発見したことを他の スタッフや家族に伝える

本人が活き活きとした様子を示すコツや関わり方がわかったら、みんなで共有しましょう。そうすることで、さらに活動の質が高まり、本人が活き活きとする時間が増加し、充実した生活へとつながります。

確認すべき ポイント

☑ 活動の過程において、本人が活き活きとした様子を示す場面が観察できていますか？

☑ 何が本人を活き活きとさせているか、考えることはありますか？

☑ 上記、２つのポイントについて、家族や関わるスタッフらへ伝えていますか？

☑ ネガティブな様子ばかりを伝えていませんか？

- 面会に来た家族に、本人が活き活きと取り組んだ活動の様子やその時の関わりなどを、写真を見せながら伝える。（図）
- 活動の質を高める20の支援ポイント1－1〜5－1（80〜115ページ）で本人の活動の質を高めているポイントについて、多職種で情報共有する。

- 面会に来た家族に、本人のネガティブな様子を困った顔で伝える。（図）
- 何が本人を活き活きとさせているのかを考えない。
- 活動の様子や良い関わりがあっても、誰にも伝えず、支援者の中だけにとどめておく。

支援のコツ

- 本人の様子に気づくことができるよう、アンテナを張って観察しましょう。
- なぜその活動が本人の様子を変化させているのか、要因を探ってみましょう。本人を取り巻く人などの社会的環境、物などの物理的環境といった視点で考えてみると理解しやすいかもしれません。
- どんな些細なことでも構わないので、発見したことを家族や他の支援者と共有しましょう。自分自身にとっては当たり前のことでも、そうでない人もいるかもしれません。

A-QOAとの関連

「発見したことを他のスタッフや家族に伝える」と、以下のような変化が見られることがあります。

例：施設でスタッフが洗濯物をたたんでいる時、不安が強く訴えの多い中等度の認知症のある女性が自ら「手伝おうか？」と言って、活き活きとしながらテキパキと上手にたたんでくれた。この時の様子や成果はスタッフの間で情報が共有され、その後、洗濯物をたたむことが本人の役割となり、習慣的に依頼し、取り組んでいる。

活動の様子	A-QOAの項目
日常において洗濯物をたたむことが役割になり、日々、スタッフの声かけをきっかけに、活動を始める。	❶ 活動を開始する
スタッフに「ありがとう」とお礼を述べられ、「またしてあげるよ」と、誇らしそうな表情をしている。このような称賛される経験を重ね、笑顔で取り組む場面が増える。	❿ 有能感を得る ⓬ 笑顔が見られる
「よし！　今日もいい感じにたためた！」と喜びや満足感を表現するような感情の高ぶりを見せる。	⓭ 高揚する

5-3 生活の中に QOA（活動の質）の高い活動（方法）を組み込む

　質の高い活動が見つかったら、その活動が生活の中で習慣的に行うことができるよう、生活パターンを見直してみましょう。質の高い活動をすること、その機会が増えることは、生活の質を向上させます。

**確認すべき
ポイント**

☑　今、行っている活動は、本人にとって質の高い活動ですか？

☑　日常の中で、どの程度行っていますか？

☑　その活動を生活に取り入れるために、自宅、通所サービス、地域のサロンやカフェなどの「場所」、家族、介護支援専門員、近所の友人などの「人」といった様々な資源を活用した、活動の実践の可能性を検討できていますか？

- 子どもに絵本を読み聞かせすることが、本人にとって質の高い活動であると特定されたため、３か月前から、地域の絵本の読み聞かせボランティアとしての役割を担っている。（図）

良さそうだけど
入院中は
できないや

ポイッ

- 編み物をしたいという人がいても、支援者が本人の入院中はできないとあきらめて、生活の中に組み込もうとしない。（図）
- 支援者が、本人にとって質の高い活動を見つけようとしない。
- 質の高い活動を特定したが、生活との関連づけを行わない。

支援のコツ

- 質の高い活動を、どのように生活の中に取り入れるかは、まず本人と相談しましょう。活動の意味や価値は、本人の中にあります。
- どうしたら活動を生活に組み込むことができるか、実現できるかについては、色々な人に相談しましょう。柔軟に考え、最大限可能性を探索し、できることから始めましょう。
- QOA（活動の質）の高い時（質の高い活動に従事している、活動に取り組んでいる、活動に参加している）の本人の様子を伝えることで、活動することの意味を理解してくれる人が増えます。協力者を増やしましょう。
- 今、行っている活動が、本当に質の高いといえる活動なのか、もっと質を高めることができないか、Part 3の各ポイントを見直し、A-QOAの視点から評価してみましょう。

⑥ A-QOAとの関連

　「生活の中にQOA（活動の質）の高い活動（方法）を組み込む」と、以下のような変化が見られることがあります。

例：グループホームに入所中の軽度の認知症のある女性は人の役に立つ活動を好むため、スタッフは机を拭く、床を掃くなど日常の中で可能な役割をお願いし、そのつど称賛の声かけを行っている。

活動の様子	A-QOAの項目
人の役に立って貢献していると感じ、「このくらい任せて！」と笑顔を見せる。	⑩ 有能感を得る ⑫ 笑顔が見られる
「明日はここも掃除しようか」と次回への意欲を示す。また、普段はあまり好まない入浴の声かけに対し、「少し汗もかいたし今日は入ってみようか」と前向きにとらえる発言がみられる。	⑪ 次の活動への意欲を示す
初めて机を拭くことになった人に、「この道具は○○にあるのよ」「こうすると上手に拭けるよ」と教え、「何かあったらいつでも言ってね」と声をかけている。	⑯ 活動に関係した知識・技術を教える ⑱ 他者を思いやる

A-QOAと活動の質を高めるポイント対応表

活動の質を高める 20の支援ポイント （Part 3） ＼ A-QOAにおける21の観察視点（Part 2）	1 開始	2 視線	3 位置	4 継続	5 集中	6 技術
1-1 興味・関心のある活動を選択する	○					○
1-2 心が動く活動を選択する						
1-3 身体・認知機能に合った活動を選択する	○			○	○	
1-4 能力に合わせて調整できる活動を選択する				○	○	
2-1 快適な環境にする			○	○	○	
2-2 集中できる環境にする	○			○	○	
2-3 活動しやすい姿勢になるように設定する	○	○	○	○		
2-4 メンバー構成を考える						
3-1 無理強いをしない						
3-2 機能や関心に合わせた活動の準備を行う	○					○
3-3 活動の見通しを伝える	○			○		
3-4 主体的に活動内容や方法を選択できるようにする						
3-5 活動を行う手がかりを提供する	○	○	○			○
4-1 心が動く交流が促進されるように関わる						
4-2 失敗しないような手がかりを提供する				○	○	
4-3 認められるような機会をつくる						○
4-4 一人ひとりに目を配り、適時、個別に関わる						
5-1 称賛される機会をつくる						
5-2 発見したことを他のスタッフや家族に伝える	○					
5-3 生活の中にQOA（生活の質）の高い活動（方法）を組み込む						

7 選択	8 工夫	9 満足感	10 有能感	11 意欲	12 笑顔	13 高揚	14 交流	15 協調	16 教授	17 意思	18 思いやり	19 共有	20 流暢	21 回想
		○		○	○				○				○	
		○	○		○		○					○	○	○
	○													
		○		○										
		○			○									
		○			○									
		○			○		○	○			○	○	○	○
○				○	○					○		○		
					○			○					○	○
	○							○			○			
○	○									○				
					○		○	○				○		
		○	○	○										
					○	○			○				○	○
○	○		○				○	○						
		○	○	○									○	○
		○			○	○								
		○		○	○				○		○			

認知症があっても最期まで楽しく過ごす

　私が働く介護医療院では、重度認知症のある方が終の棲家として入所され、人生の最期の時までを過ごされています。作業療法では認知症があっても最期まで好きな作業に触れて、少しでも素敵な日々を過ごしてもらいたいと思い活動を提供しています。

　しかし、重度認知症のある方に対して『意味のある活動』を提供するのは決して容易なことではありません。重度認知症のある方の活動を提供するには、言語による主観的評価が難しいため、多角的な客観的評価を『観察』やご家族からの情報で評価しなければならないため悩んでいました。

　私が担当したAさんは認知症があり、お部屋で大きな声で「痛いよー」「誰か来てー」と不安そうに訴えるため試行錯誤していました。

　作業療法ではAさんにも活動を提供しようと思いました。しかし、Aさんには難聴があり、したい活動を直接聞き出すことが難しく、もともと一人暮らしだったこともあり、生活歴などの情報を得ることはできませんでした。

　私は手あたり次第に活動をA-QOAを用いて評価していきました。どんな活動を好むのかな？　誰と一緒に取り組むと笑顔になるのかな？　どんな作業環境が集中できるのかな？など、様々な視点でAさんと活動を評価しました。その結果『園芸活動』が見つかりました。A-QOAで見つけたAさんにとって『意味のある活動』を日常に取り入れたことで、お部屋から不安そうに訴えることは少なくなりました。かわりに聞こえてくる声は「たのしいね」「次は何を作ろう」という活動を楽しむ声でした。

　私はAさんと活動をA-QOAで評価した経験から、対象者と活動のつながりを示すだけでなく、その人の感情を引き出し、人柄を映し出すこともできるツールであると感じました。そして、A-QOAは対象者の大切な活動を最期まで支えることができると確信しています。

（山口拓也・鶴巻温泉病院）

Part 4

ワークシート

Assessment of Quality Of Activities
Beginner's Guide

この章では、ケアやセラピーを提供している専門職や家族が、認知症のある人にとってより良い活動を見つけたり、その効果や周囲の人に与える影響を検討したり、支援の手立てを考えるためのツールとして、次の6つのシートを掲載しています。

1．A-QOA採点シート（簡易版）
2．私らしさ発見・共有シート
3．生活行為聞き取りシート
4．興味・関心チェックシート
5．活動の質を高める20の支援ポイント　チェックリスト
6．A-QOAと活動の質を高めるポイント対応表

以下に、各シートの特徴と使い方を説明します。

1　A-QOA採点シート（簡易版）

● 127ページ

Part2で説明されているA-QOAを使って、「活動の質」を評価する際に使用する採点シートです。認知症のある人が活動をしている様子を観察しながらメモを取ります。メモはこのシートの裏側でも、メモ帳でもよいのですが、観察したことを忘れないように、できるだけ活動を実施している最中に取ることをお勧めします。メモのポイントは、次の3点です。

● 短い語句で、実際に見たことを記述する（解釈せずに記述する）
● 言動が主体的なのか、受身的なのかがわかるように行為を順番に記述する
● 感情を示すような表情や言葉を具体的に記述する

観察が終了したら、このシートで各項目を1～4の4段階で評定し、合計点を算出します。この合計点や、項目の低いところや高いところを確認し、現在行っている活動の質が高いのか低いのか、あるいは、どのようにすれば活動の質を高めることができるのかを検討していきます。

2 私らしさ発見・共有シート　　　　　◯ 128・129ページ

　支援の初期に活用するもので、氏名や年齢などの基礎情報、生活歴、価値観、一日の過ごし方などの項目が含まれています。このシートを作成することで支援の対象となる認知症のある人のその人らしさを捉えることができます。また、このシートをカルテに保管したり、カンファレンスで使用することにより、多職種間で支援対象の人のその人らしさを共有することができます。

　情報を集める際には、対象となる人がどのようなことを大切にし、どのような人生を過ごしてきたのかに思いを馳せながら、本人が歩んできた人生を尊ぶ気持ちを大事にしましょう。また、各項目について尋ねるコミュニケーション自体をともに楽しみ、この時間の活動の質が高くなるようにしましょう。一度にすべてを書く必要はありません。わかったことがあれば少しずつ追記しましょう。本人との言語的コミュニケーションが難しい場合は、家族やケアマネジャーなど、その人のことを以前からよく知っている人に尋ねましょう（本人にもその旨を伝えましょう）。

3 生活行為聞き取りシート　　　　　　◯ 130ページ

　生活行為聞き取りシートは日本作業療法士協会により作成された、生活行為向上マネジメントの基本ツールとして作成されたものの1つです。本シートは対象者がしたいこと、困っていること、できるようになりたいと期待していることを聞き、活動の目標を明らかにして設定していくための聞き取りシートです。認知症のある人などは具体的な活動を言語化できないことが多いので、その時は4の「興味・関心チェックシート」を使用することが有効な場合もあります。

4 興味・関心チェックシート　　　　　◯ 131ページ

　本シートは上述のとおり、生活行為向上マネジメントのツールの一部です。生

活行為聞き取りシートでどのような活動に取り組むべきか設定が難しい場合に用いられます。本シートの中には活動が46項目挙げられており、それぞれの活動に対して、したいかどうか、興味があるかどうかについて聴き取っていきます。このシートから得られた情報を参考にすることで、どんな活動に取り組むかを考える手助けになるでしょう。

5 活動の質を高める20の支援ポイント チェックリスト

● 132ページ

　Part 3で説明されている、活動の質を高める20の支援ポイントがどの程度実施できているかを確認するシートです。認知症のある人に活動を提供した後に採点することで、より活動の質を高めるための支援策を見つけることができます。また、活動を提供する前や活動中にこのシートの項目を見ながら、支援策を検討したり、変更したりすることにも活用できるでしょう。さらには、新人のスタッフに対して、より良い活動の支援方法を考えてもらうための教育ツールとして活用することもできるでしょう。

6 A-QOAと活動の質を高めるポイント対応表

● 133〜135ページ

　A-QOAにおける21の観察視点と活動の質を高める20の支援ポイントとの対応を示したシートです。「A-QOA採点シート（簡易版）」（次ページ）を使って活動の質を評価した後に、低得点となっているA-QOAの項目を、どのように支援すれば高めることができるかを検討する際に使用します。シートの表で塗りつぶされた部分は主な対応箇所ですが、それ以外にも対応している箇所がありますので、このシートを参考にしながら、スタッフや家族でより良い支援の方法を20の支援ポイントから考えてみてください。

1 ● A-QOA採点シート（簡易版）

観察日時	年　　月　　日　　時　　分			活動名	
対象者氏名			様	観察者名	

	観察視点	1点 （無）	2点 （限）	3点 （有）	4点 （強）
1	活動を開始する	1	2	3	4
2	活動の対象に視線を向ける	1	2	3	4
3	活動の対象に体を位置づける	1	2	3	4
4	活動を継続する	1	2	3	4
5	活動に集中する	1	2	3	4
6	活動に関わる知識や技術を示す	1	2	3	4
7	活動中に内容を選択する／好みを示す	1	2	3	4
8	活動が円滑に進むように工夫する	1	2	3	4
9	活動の結果として満足感を得る	1	2	3	4
10	有能感を得る	1	2	3	4
11	次の活動への意欲を示す	1	2	3	4
12	笑顔が見られる	1	2	3	4
13	高揚する	1	2	3	4
14	活動を通して交流する	1	2	3	4
15	一緒に協調して活動する	1	2	3	4
16	活動に関係した知識・技術を教える	1	2	3	4
17	他者に意思を伝える	1	2	3	4
18	他者を思いやる	1	2	3	4
19	活動から喚起される感情を他者と共有する	1	2	3	4
20	発語の流暢さがある	1	2	3	4
21	回想する	1	2	3	4
合計点				点／84点	

採点基準　4点（強）：非情に強く／例外的に観察される
　　　　　3点（有）：観察される
　　　　　2点（限）：観察されるが程度は限定的／疑問
　　　　　1点（無）：観察されない

2 ➡ 私らしさ発見・共有シート

初回記入日 _____年_____月_____日

記　録　者 _____

面　談　者　本人・家族や友人 _____様　続柄（　　　　　）

その他 _____様　職種（　　　　　　　　　）

氏名　　　　　　　　　　　　　　様（男・女）	生年月日　　　　　年　　月　　日　　　　歳
結婚（未婚・既婚）旧姓　　　　　　　　様	配偶者の氏名
家族構成・関係	● 話しかけるときに使ってほしい名前 ● 嫌なこと・話題・苦手なこと（禁忌事項）

信仰	
聴力・視力	● 聴力（支障なし・難聴）　補聴器（有・無） ● 聴こえやすい耳（左・右） ● 視力（支障なし・支障あり） ● 眼鏡（必要・不要）　老眼鏡（必要・不要）
生まれた場所 思い出の場所	
子どもの頃の思い出 がんばったこと、その頃の夢	
人生の中の幸せな思い出 誇りに思っていること	
仕事や役割 がんばってきたこと	
大切にしている こと・もの・人	

感謝を伝えたい人	
特技や趣味	
気分転換になること リラックスできること	
習慣	
私が思う私の性格	
好きな音楽・馴染みの音楽	
好きなテレビ・ラジオ・ 映画・新聞・本など	
好きな食べ物や飲み物	
苦手な食べ物や飲み物 アレルギー	
支援者に知っておいてほしい こと 不安に思っていること 気になっていること	

普段の一日の 過ごし方		私が思う、理想的な 一日の過ごし方	
普段の一週間の 過ごし方		私が思う、理想的な 一週間の過ごし方	
大事な記念日 （家族の誕生日や 命日など）			

3 ⟶ 生活行為聞き取りシート

相談者		年齢	歳	性別	男 ・ 女

記入者名：＿＿＿＿＿＿＿＿＿＿＿＿＿＿＿＿＿＿＿（職種　　　　　　　　　　）

　認知症や寝たきりを予防するためには,家事や社会活動などの生活行為を維持し,参加していることが重要です.

1　そこで,あなたが困っているまたは問題を感じている(もっとうまくできるようになりたい,あるいは,うまくできるようになる必要があると思う) 事柄で, 良くなりたい, 改善したいと思う事柄がありましたら, 2つほど教えてください.
2　もし, 生活行為の目標がうまく思い浮かばない場合は, 興味・関心チェックリストを参考に確認してみてください.
3　生活行為の目標が決まりましたら, 次のそれぞれについて1〜10点の範囲で思う点数をお答えください.
　①実行度・・左の目標に対して, どの程度実行できている (頻度) と思うか.
　　　　　　十分実行できている場合は実行度10点, まったくできない場合は実行度1点です.
　②満足度・・左の目標に対して, どのくらい満足にできている (内容・充実感) と思うか.
　　　　　　とても満足している場合は満足度10点, まったく不満である場合は満足度1点です.

生活行為の目標	自己評価	初回	最終
□A(具体的に生活行為の目標が言える) 目標1	実行度	/10	/10
	満足度	/10	/10
合意目標：	達成の 可能性	□有 □無	
□A(具体的に生活行為の目標が言える) 目標2	実行度	/10	/10
	満足度	/10	/10
合意目標：	達成の 可能性	□有 □無	

ご家族の方へ

　ご本人のことについて, もっとうまくできるようになってほしい, あるいはうまくできるようになる必要があると思う生活行為がありましたら教えてください.

4 ● 興味・関心チェックシート

氏名：_____年齢：_____歳　性別（男・女）記入日：H____年____月____日

　表の生活行為について，現在しているものには「している」の列に，現在していないがしてみたいものには「してみたい」の列に，する・しない，できる・できないにかかわらず，興味があるものには「興味がある」の列に〇を付けてください．どれにも該当しないものは「している」の列に×をつけてください．リスト以外の生活行為に思いあたるものがあれば，空欄を利用して記載してください．

生活行為	している	してみたい	興味がある	生活行為	している	してみたい	興味がある
自分でトイレへ行く				生涯学習・歴史			
一人でお風呂に入る				読書			
自分で服を着る				俳句			
自分で食べる				書道・習字			
歯磨きをする				絵を描く・絵手紙			
身だしなみを整える				パソコン・ワープロ			
好きなときに眠る				写真			
掃除・整理整頓				映画・観劇・演奏会			
料理を作る				お茶・お花			
買い物				歌を歌う・カラオケ			
家や庭の手入れ・世話				音楽を聴く・楽器演奏			
洗濯・洗濯物たたみ				将棋・囲碁・ゲーム			
自転車・車の運転				体操・運動			
電車・バスでの外出				散歩			
孫・子供の世話				ゴルフ・グランドゴルフ・水泳・テニスなどのスポーツ			
動物の世話				ダンス・踊り			
友達とおしゃべり・遊ぶ				野球・相撲観戦			
家族・親戚との団らん				競馬・競輪・競艇・パチンコ			
デート・異性との交流				編み物			
居酒屋に行く				針仕事			
ボランティア				畑仕事			
地域活動（町内会・老人クラブ）				賃金を伴う仕事			
お参り・宗教活動				旅行・温泉			

生活行為向上マネジメント　　Ⓒ一般社団法人日本作業療法士協会
本シートは、この著作権表示を含め、このまま複写してご利用ください。シートの改変は固く禁じます。

5 ● 活動の質を高める20の支援ポイント　チェックリスト

　活動の質を高める20の支援ポイントが、どのくらいできているか、チェックリストで確認してみましょう。点数を出すと、気づきを数値化し、変化を比較することができます。

使用例　1）20の支援ポイントについて、今、自分自身がどの程度できているか確認する。

　　　　2）20の支援ポイントについて活動前に確認し、不足しているポイントを補足して活動する。

　　　　3）現在行っている活動について確認し、プラスできるポイントを見つける。

できていないポイントは、Part 3 の支援のコツを読んでみましょう。

	活動の質を高める20の支援ポイント	できていない	あまりできていない	ややできている	できている
1-1	興味・関心のある活動を選択する	1	2	3	4
1-2	心が動く活動を選択する	1	2	3	4
1-3	身体・認知機能に合った活動を選択する	1	2	3	4
1-4	能力に合わせて調整できる活動を選択する	1	2	3	4
2-1	快適な環境にする	1	2	3	4
2-2	集中できる環境にする	1	2	3	4
2-3	活動しやすい姿勢になるように設定する	1	2	3	4
2-4	メンバー構成を考える	1	2	3	4
3-1	無理強いをしない	1	2	3	4
3-2	機能や関心に合わせた活動の準備を行う	1	2	3	4
3-3	活動の見通しを伝える	1	2	3	4
3-4	主体的に活動内容や方法を選択できるようにする	1	2	3	4
3-5	活動を行う手がかりを提供する	1	2	3	4
4-1	心が動く交流が促進されるように関わる	1	2	3	4
4-2	失敗しないような手がかりを提供する	1	2	3	4
4-3	認められるような機会をつくる	1	2	3	4
4-4	一人ひとりに目を配り、適時、個別に関わる	1	2	3	4
5-1	称賛される機会をつくる	1	2	3	4
5-2	発見したことを他のスタッフや家族に伝える	1	2	3	4
5-3	生活の中にQOA（生活の質）の高い活動（方法）を組み込む	1	2	3	4
	合計点	点／80点			

6 ● A-QOAと活動の質を高めるポイント対応表

A-QOAの21の観察視点と活動の質を高める20の支援ポイントにおける対応表です。A-QOAの素点が低い（観察されにくい）項目を高めたい時、対応するポイントを参考にした関わりによって、活動の質が高まります。次ページの表にチェックしながら、実践につなげましょう。

例）ある活動において、A-QOAの「観察項目15．一緒に協調して活動する」様子があまり観察されなかった。活動の質を高めるポイント「2-4．メンバー構成を考える」「3-3．活動の見通しを伝える」「4-1．心が動く交流が促進されるように関わる」「4-4．一人ひとりに目を配り、適時、個別に関わる」の4つのポイントについてPart 3で確認し、支援のコツを試してみる。

COLUMN-5

手品でよみがえったヨシキさん！

もの忘れが進み、引きこもり生活を送っていたヨシキさん（仮名）は、作業療法士が運営するデイケアに通い始めました。そこでは、その人がもっている力を発揮して活き活きと過ごすことを大切にしていて、ヨシキさんは長年の趣味である手品を誕生会で披露する役割を担うことになりました。すると次第に、妻の手助けを得ながら自宅で日々練習したり、デイケアでメンバーや職員に手品を教えることで笑顔が見られるようになっていきました。ある日、私はヨシキさんが誕生会で手品を披露するのをA-QOAで評定することにしました。当日、ヨシキさんは自ら職員に指示を出しながら道具を準備し、職員は盛り上げてくれそうなメンバーを前の席に配置しました。いざはじまると、ヨシキさんは大きなトランプを使ってメンバーをだまして、「あんた認知症の始まりじゃろ」と笑いをとったり、職員の子どもを宙に浮かせて驚かせたりしました。かつては文化教室で教えるほどの腕前をもっていたものの、今回はおぼつかない手つきで種が見えたりしていました。しかし、職員やメンバーはわからないふりをしたり、あえて「ちょっと見えてるぞ！」と言って盛り上げたりして上手に支援していました。終了後に話を聞くと、「わしがデイのためにしてやっとる」と誇らしげな表情をしていました。A-QOAのprobit（プロビット）値は4.39点であり、活動との結びつきは「極めて強い」と判断されました。

このようにヨシキさんが元気を取り戻したのは、デイケアの職員が「活動の質を高める20の支援ポイント」に示されている技術をさりげなく発揮し、手品との結びつきを強めていったからだと感じています。

（西田征治）

6 ● A-QOAと活動の質を高めるポイント対応表

活動の質を高める 20の支援ポイント（Part 3）	A-QOAにおける21の観察視点（Part 2）	1 開始	2 視線	3 位置	4 継続	5 集中	6 技術
1-1	興味・関心のある活動を選択する	■					■
1-2	心が動く活動を選択する						
1-3	身体・認知機能に合った活動を選択する	■			■	■	
1-4	能力に合わせて調整できる活動を選択する				■		
2-1	快適な環境にする			■		■	
2-2	集中できる環境にする	■				■	
2-3	活動しやすい姿勢になるように設定する	■					
2-4	メンバー構成を考える						
3-1	無理強いをしない						
3-2	機能や関心に合わせた活動の準備を行う	■					■
3-3	活動の見通しを伝える	■			■		
3-4	主体的に活動内容や方法を選択できるようにする						
3-5	活動を行う手がかりを提供する	■	■	■			■
4-1	心が動く交流が促進されるように関わる						
4-2	失敗しないような手がかりを提供する				■	■	
4-3	認められるような機会をつくる						■
4-4	一人ひとりに目を配り、適時、個別に関わる						
5-1	称賛される機会をつくる						
5-2	発見したことを他のスタッフや家族に伝える	■					
5-3	生活の中にQOA（活動の質）の高い活動（方法）を組み込む						

塗りつぶされた部分は、21の観察視点と20の支援ポイントの主な対応箇所です

7選択	8工夫	9満足感	10有能感	11意欲	12笑顔	13高揚	14交流	15協調	16教授	17意思	18思いやり	19共有	20流暢	21回想
		■		■	■				■				■	
		■	■				■					■	■	■
	■													
		■		■										
					■									
		■					■					■	■	
■				■						■	■			
					■			■					■	
	■							■			■			
■														
				■			■					■		
		■	■	■										
				■		■							■	
■	■						■							
		■											■	
		■			■									
			■	■	■			■				■		

おわりに

最後まで読んでいただきありがとうございます。

A-QOAの世界はいかがだったでしょうか？

誰かが活動している時の見方や支援の方法の参考になったでしょうか？　読者のみなさんの支援に役に立ち、認知症のある方が少しでもより良い活動をもって質の高い生活を送ることに貢献できれば、著者一同、大変嬉しく思います。

本書はA-QOAの世界への入り口です。A-QOAをもっと活用したい、勉強したいと思われた方は、A-QOAの認定評価者の研修がありますので、研修を受けA-QOAの認定評価者になってください。認定評価者になれば、活動の効果の違いを数値的に、つまり明確に比較できるAqoaProが使用できます。そうすることで、活動の行い方を変えたり、支援の方法を変化させたりした時にその効果の明確化ができます。またそれらの効果の大きさも知ることができるようになります。ぜひ、A-QOAをもっと知りたい、もっと活用したい方はA-QOAのホームページ（https://www.a-qoa.com/）をご覧ください。そこに研修会やAqoaProの情報が掲載されています。

A-QOAの
ホームページ

A-QOAの開発を志してから本書の発行まで8年が過ぎましたが、A-QOAを生み出し育ててきた私としては、多くの方の協力を得てやっと成人し、人様の役に立てるようになったところではないかと感じてます。これから、A-QOAが社会に出て行き、様々なところで活躍、成長の機会を与えてもらうのを楽しみにしています。

一方でまだまだ、A-QOAは不十分な点もあると思います。これからも多くの方に支えてもらいながら、教えてもらいながら、A-QOAをさらに成長させていければと思っています。ぜひ、これからも協力していただければ幸いです。一緒に育てていきましょう。

本書の Part 3 で紹介している「活動の質を高める20の支援ポイント」は、著者の一人である白井さんの「実践のためのガイドになるものをつくりたい」というアイデアから研究を進め、著者全員で完成させた実践ガイドです。A-QOA もそうですが、この実践ガイドも多くの作業療法士の暗黙知であった経験や英知を集め、まとめたものです。この実践ガイドもみなさんの支援に役立ち、多くの方の活動がより豊かになり、幸せな生活につながると嬉しいです。

　A-QOA も実践ガイドも何もないところから、多くの人の経験や知恵を少しずついただきながらつくってきました。これまで支え、協力してくださったみなさんに心からお礼を申し上げます。

　本書の作成にあたっては、A-QOA を積極的に活用してくださっている河合晶子さんと山口拓也さんからコラムを寄稿いただきました。イラストレータの山岡小麦さんにもたくさんのイラストを描いていただきました。3 名のご協力いただいた方々にもお礼を申し上げます。

　また、本書については企画から発行までクリエイツかもがわの岡田温実さん、菅田亮さんに大変お世話になりました。岡田さんの「A-QOA を前面に出した本にすべき」という助言が私を後押ししてくれました。編集のために夜を徹して本書の完成に尽力してくださったお二人には大変感謝しております。

　最後に、A-QOA に関心をもち、本書を手に取っていただいたみなさんにも感謝を込めて。

　2022年4月

認知症のある人の活動の質を高める研究会　代表
小川真寛

■ 編著者PROFILE

小川真寛 Masahiro OGAWA　　　　　　　　　　　　　　　　　　　　Part 1.2.4

神戸学院大学　総合リハビリテーション学部　作業療法学科　准教授

2011年、広島大学大学院保健学研究科修了、博士（保健学）。認定作業療法士。作業療法士免許取得後、大学病院、回復期リハ病棟、デイケア、デイサービスや老健などで勤務。その後、京都大学大学院助教を経て、現在に至る。主な著書に『認知症をもつ人への作業療法アプローチ』（メジカルビュー社）、『プール活動レベル』（医歯薬出版）、『作業療法理論の教科書』（メジカルビュー社）がある。

白井はる奈 Haruna SHIRAI　　　　　　　　　　　　　　　　　　　　Part 3.4

佛教大学　保健医療技術学部　作業療法学科　准教授

2011年、広島大学大学院保健学研究科修了、博士（保健学）。認定作業療法士。作業療法士免許取得後、大阪府済生会中津病院、広島大学大学院助手、京都大学医学部附属病院、京都大学大学院助教を経て、現在に至る。主な著書・訳書に『認知症へのアプローチ　ウェルビーイングを高める作業療法的視点』（エルゼビア・ジャパン）、『認知症の作業療法 第2版 ソーシャルインクルージョンをめざして』（医歯薬出版）がある。

坂本千晶 Chiaki SAKAMOTO　　　　　　　　　　　　　　　　　　　Part 3.4

県立広島大学　保健福祉学部　作業療法学コース　助教

2019年、県立広島大学総合学術研究科修了、修士（保健福祉学）。作業療法士免許取得後、興生総合病院、三原病院を経て、現在に至る。主な著書に『認知症の作業療法　観察ガイド』（青海社）、『認知症をもつ人への作業療法アプローチ』（メジカルビュー社）がある。

西田征治 Seiji NISHIDA　　　　　　　　　　　　　　　　　　　　　Part 2.4

県立広島大学　保健福祉学部　作業療法学コース　教授

2011年、広島大学大学院保健学研究科修了、博士（保健学）。認知症専門作業療法士。作業療法士免許取得後、九州労災病院、柳川リハビリテーション学院、広島県立保健福祉大学を経て、現在に至る。主な著書・訳書に『認知症をもつ人への作業療法アプローチ』（メジカルビュー社）、『作業療法士がすすめる認知症ケアガイド』（クリエイツかもがわ）、『作業療法の話をしよう』（医学書院）がある。

A-QOA（活動の質評価法）ビギナーズガイド
認知症のある人の生活を豊かにする21の観察視点と20の支援ポイント

2022年6月20日　初版発行

編　著●ⓒ小川真寛・白井はる奈・坂本千晶・西田征治
発行者●田島英二　info@creates-k.co.jp
発行所●株式会社 クリエイツかもがわ
　　　　〒601-8382　京都市南区吉祥院石原上川原町21
　　　　電話 075（661）5741　FAX 075（693）6605
　　　　https://www.creates-k.co.jp
　　　　郵便振替　00990-7-150584
イラスト●山岡小麦
デザイン●菅田 亮
印 刷 所●モリモト印刷株式会社
ISBN978-4-86342-332-9 C0036　printed in japan

作業療法士がすすめる認知症ケアガイド
行動心理症状の理解と対応＆活動の用い方
ローラ・N・ギトリン、キャサリン・ヴェリエ・ピアソル／著　西田征治・小川真寛・白井はる奈・内山由美子／訳

認知症のある人と介護者のベストサポートを見つけよう！
認知症のある人や直接介護する家族、介護士だけでなく、作業療法士、理学療法士、看護師など専門職に役立つ、幅広い内容の対応方法を集めたガイドブック。 1980円

認知症ケアと予防に役立つ 料理療法
湯川夏子／編著　前田佐江子・明神千穂／共著

高齢者にとって料理は長年慣れ親しんできた日常生活の一端です。それを通して楽しみとやる気を得、役割を担うことで精神面での向上につながります。心と身体に栄養を！
施設や地域、自宅でLet's Try！高齢者施設で人気のメニュー＆レシピ14品を紹介。 2420円

認知症ケアこれならできる 50 のヒント
藤本クリニック「もの忘れカフェ」の実践から　奥村典子・藤本直規／著

藤本クリニックの「もの忘れカフェ」の取り組みをイラストでわかりやすく解説。三大介護の「食事」「排泄」「入浴」をテーマにした、現場に携わる人へ介護のヒントがたくさん。
【長谷川和夫先生すいせん】 2200円

よいケア文化の土壌をつくる
VIPS ですすめるパーソン・センタード・ケア第 2 版
ドーン・ブルッカー、イザベル・レイサム／著　水野裕／監訳　中川経子・村田康子／訳

認知症ケアの理念「パーソン・センタード・ケア」。調査研究で明らかになった、よいケア文化の重要な特徴7項目を新たに示した、実践に役立つガイドブック第2版！ 2640円

認知症と共に生きる人たちのための
パーソン・センタードなケアプランニング
ヘイゼル・メイ、ポール・エドワーズ、ドーン・ブルッカー／著　水野 裕／監訳　中川経子／訳

認知症の人、一人ひとりの独自性に適した、質の高いパーソン・センタードなケアを提供するために、支援スタッフの支えとなるトレーニング・プログラムとケアプラン作成法！
［付録CD］生活歴のシートなど、すぐに役立つ、使える「ケアプラン書式11」 2860円

認知症のパーソンセンタードケア　新しいケアの文化へ
トム・キットウッド／著　高橋誠一／訳

認知症の見方を徹底的に再検討し、「その人らしさ」を尊重するケア実践を理論的に明らかにし、世界の認知症ケアを変革！認知症の人を全人的に見ることに基づき、質が高く可能な援助方法を示し、ケアの新しいビジョンを提示。 2860円

認知症の人の医療選択と意思決定支援
本人の希望をかなえる「医療同意」を考える
成本迅・「認知症高齢者の医療選択をサポートするシステムの開発」プロジェクト／編著

ますます増える治療の選択にどう対応するか。医療者にさえ難しい医療選択は、どのように説明すれば認知症の人でも理解しやすくなるのでしょうか？医療者、介護福祉関係者だけでなく、法律の実務家、法学者も参加する「医療同意プロジェクト」の成果を余すことなく掲載！ 2420円

認知症介護の悩み　引き出し 52
「家族の会」の"つどい"は知恵の宝庫
公益社団法人認知症の人と家族の会／編

認知症にまつわる悩みごとを網羅した52事例。介護に正解はない。認知症のある本人、介護家族・経験者、「家族の会」世話人、医療・福祉の専門職をはじめとした多職種がこたえる。「共感」を基本とした複数のこたえと相談者のその後を紹介。 2200円

私の記憶が確かなうちに 「私は誰？」「私は私」から続く旅

クリスティーン・ブライデン／著　水野裕／監訳　中川経子／訳

46歳で若年認知症と診断された私が、どう人生を、生き抜いてきたか。22年たった今も発信し続けられる秘密が明らかに！　世界のトップランナーとして、認知症医療やケアを変革してきたクリスティーン。認知症に闘いを挑むこと、認知症とともに元気で、明るく、幸せに生き抜くことを語り続ける…。　　　　　　　　　　　　　　　　　　　　　　　　　　　　　　　　2200円

私は私になっていく　認知症とダンスを〈改訂新版〉

クリスティーン・ブライデン／著　馬籠久美子・桧垣陽子／訳

4刷

ロングセラー『私は誰になっていくの？』を書いてから、クリスティーンは自分がなくなることへの恐怖と取り組み、自己を発見しようとする旅をしてきた。認知や感情がはがされていっても、彼女は本当の自分になっていく。　　　　　　　　　　　　　　　　　　　　　　　　　2200円

私は誰になっていくの？　アルツハイマー病者から見た世界

クリスティーン・ボーデン／著　桧垣陽子／訳

23刷

認知症という絶望の淵から再び希望に向かって歩み出す感動の物語！
世界でも数少ない認知症の人が書いた感情的、身体的、精神的な旅—認知症の人から見た世界が具体的かつ鮮明にわかる。　　　　　　　　　　　　　　　　　　　　　　　　　　　　2200円

絵本 こどもに伝える認知症シリーズ 全5巻

認知症の本人、家族、周囲の人の思いやつながりから認知症を学び、こどもの心を育てる「絵本こどもに伝える認知症シリーズ」。園や小学校、家庭で「認知症」が学べる総ルビ・解説付き。

ケース入りセット 9900円

赤ちゃん キューちゃん　藤川幸之助／さく　宮本ジジ／え　　　1980円

おばあちゃんはアルツハイマー病という脳がちぢんでいく病気です。子育てしていた若いころが一番楽しかったおばあちゃんは、セルロイド人形のキューちゃんといつも一緒です。孫の節っちゃんから見たおばあちゃんの世界や家族のかかわりとは、節っちゃんの思いや気づきとは…。

おじいちゃんの手帳　藤川幸之助／さく　よしだよしえい／え　　　1980円

このごろ「きみのおじいちゃんちょっとへんね」と言われます。
なぜ手帳に自分の名前を何度も書いてるの？　なぜ何度も同じ話をするの？
でも、ぼくには今までと変わらないよ。

一本の線をひくと　藤川幸之助／さく　寺田智恵／え　　　1980円

一本の線を引くと、自分のいるこっち側と関係ないあっち側に分かれます。認知症に初めてであって、心に引いた線はどうかわっていったでしょう。これは認知症について何も知らなかったおさない頃の私の話です。

赤いスパゲッチ　藤川幸之助／さく　寺田智恵／え　　　1980円

おばあちゃんと文通をはじめて4年たった頃、雑に見える字でいつも同じ手紙としおりが送られてくるようになりました。まだ59歳のおばあちゃん、わたしのことも、赤いスパゲッチのことも忘れてしまったの？

じいちゃん、出発進行！　藤川幸之助／さく　天野勢津子／え　　　1980円

ある日、車にひかれそうになったじいちゃんの石頭とぼくの頭がぶつかって、目がさめるとぼくはじいちゃんになっちゃった!? スッスッと話せない、字が書けない、記憶が消える、時計が読めない……。お世話するのがいやだった認知症のじいちゃんの世界を体験したぼくと家族の物語。